Don und Jackie Ragland

Der Heilige Geist

D1694140

Don und Jackie Ragland

Der Heilige Geist

Ein praktischer, leicht verständlicher Leitfaden

GloryWorld-Medien

1. Auflage 2024

© 2024 Don und Jackie Ragland

© 2024 GloryWorld-Medien, Xanten, Germany, www.gloryworld.de

Originally published in English under the title „The Holy Spirit – A Layman's Perspective"

Bibelzitate sind, falls nicht anders gekennzeichnet, für das Neue Testament der Übersetzung
„Jesus der Messias" (GloryWorld-Medien 2024) und für das Alte Testament der Elberfelder Bibel,
Revidierte Fassung von 2006 (ELB) entnommen.
Weitere Bibelübersetzungen:

LUT: Lutherbibel, Revidierte Fassung von 2017
NeÜ: Neue evangelistische Übersetzung © 2013 Karl-Heinz Vanheiden
SLT: Schlachter 2000

Das Buch folgt den Regeln der Deutschen Rechtschreibreform. Die Bibelzitate wurden diesen
Rechtschreibregeln angepasst.

Lektorat: Klaudia Wagner
Übersetzung/Satz: Manfred Mayer
Umschlaggestaltung: Joey McNair / Jens Neuhaus, www.7dinge.de

Printed in Germany

ISBN: 978-3-95578-644-1
Bestellnummer: 356644

Erhältlich beim Verlag:

GloryWorld-Medien
Beit-Sahour-Str. 4
D-46509 Xanten
Tel.: 02801-9854003
Fax: 02801-9854004
info@gloryworld.de
www.gloryworld.de

oder in jeder Buchhandlung

Stimmen zum Buch

In diesen Tagen der Kontroverse um die dritte Person der Gottheit haben die Autoren einen wichtigen Beitrag geleistet. Dieses prägnante und aufschlussreiche Buch ist sowohl eine informative Lektüre für das hungrige Herz als auch eine Anleitung zur Gruppenarbeit.

Richard F. Cook
Akademischer Dekan des *Global Bible Institute,* Modesto, USA

Es wurden bereits viele Bücher über die Person und das Wirken des Heiligen Geistes geschrieben, aber ich habe noch nie eines gefunden, das so klar, genau und aufschlussreich ist wie dieses. Ich glaube, dass die Leser durch dieses Buch die Kraft und Freiheit, „im Geist zu wandeln", entdecken und dafür für immer dankbar sein werden!

Pfarrer Craig A. Green

Dieses Buch ist eine Inspiration und eine wunderbare Gelegenheit, etwas über den lebensspendenden Heiligen Geist zu lernen. Don und Jackie haben nicht nur hervorragende Arbeit geleistet, indem sie dieses großartige Buch geschrieben haben, sondern es ist eine Freude und Inspiration, sie als liebe Freunde zu kennen und in verschiedenen Ländern mit ihnen zusammenzuarbeiten. Ich habe miterlebt, wie sie lieben, lehren, beraten und das kostbare Öl des Heiligen Geistes, das ihnen gegeben wurde, in so viele Gefäße ausgießen. Auf diese Weise bewirken sie eine Multiplikation von Wundern und lebensverändernden Erfahrungen im persönlichen Leben von Menschen in allen Nationen. Sie folgen Jesus mit einer großen Liebe und Hingabe und leben wahrhaftig in der Kraft und Freude des Heiligen Geistes.

Möge dieses Buch dich dazu inspirieren und motivieren, täglich eine lebendige Beziehung zum Heiligen Geist zu pflegen.

Tinker Bouwman
Lighthouse Ministries, Niederlande

Eine der größten Segnungen, die mir zuteilwurden, ist die Beziehung, die der Herr mir zu Don und Jackie Ragland geschenkt hat. In meinen fast 40 Jahren im Dienst habe ich mit einigen berühmten, gesalbten und einflussreichen geistlichen Leuten zusammengearbeitet. Aber von allen, mit denen ich gemeinsam im Dienst stand und die ich kenne, schätze ich diese beiden am meisten.

Die Tatsache, dass sie sich nicht um Anerkennung, Ruhm oder persönliche Vorteile scheren und sich wirklich und voll und ganz dem Dienst an den Geringsten, Niedrigsten und Verlorenen widmen, wo immer sie können, ist nur ein weiterer Grund, warum dieses Buch es verdient, gelesen, studiert und genutzt zu werden, um die Heiligen für die Arbeit im Dienst auszurüsten.

Ich arbeitete mit Don und Jackie in mehreren Ländern und Kontinenten zusammen. Ich sah, wie sie den Wohlhabenden aus reichen westlichen Nationen ebenso dienten wie den Ärmsten der Armen aus vielen Nationen. Ich habe sie beobachtet und von ihnen gelernt, wie ihre Werte, Integrität und Weisheit es so vielen Menschen mit so unterschiedlichen Hintergründen und Lebensumständen ermöglichten, Freiheit in Christus zu finden und an Reife zu gewinnen. Ihre Weisheit, ihre bodenständige, bescheidene Herangehensweise und ihre fast unbegrenzte Vielfalt an Fähigkeiten und Fertigkeiten beeindrucken mich immer wieder.

Ich hatte auch das Privileg, bei ihnen zu Hause zu wohnen, und habe gesehen, wie sie sich im echten Leben verhalten, sowohl in Zeiten der Leichtigkeit als auch in Zeiten echter Schwierigkeiten. Ich habe gesehen, wie sie sich selbstlos einsetzen, ohne Rücksicht auf die Kosten, um jedem zu helfen, der bereit ist, Hilfe anzunehmen. Ich bin nicht jemand, der leichtfertig oder häufig Lob ausspricht, aber ich zögere nicht, dieses Buch und dieses Ehepaar als echte und transformative Diener unseres Herrn Jesus Christus zu empfehlen.

Vor einigen Jahren hatte ich das Privileg, die erste Auflage dieses Buches zu lesen, und fand es gut. Nachdem ich diese neue Auflage mit dem aktualisierten Inhalt und der hinzugekommenen Weisheit der Raglands aus vielen weiteren Jahren echten, vom Heiligen Geist erfüllten Dienstes gelesen habe, stufe ich dieses Buch als eines der besten Bücher über die Person und das Werk des Heiligen Geistes ein.

Ich erlebte Don und Jackie dabei, wie sie die in diesem Buch beschriebenen Dinge tun und welche Auswirkungen dies auf das Leben derer hatte, denen sie gedient haben. Durch ihre sanfte, aber beharrliche Darstellung des Charakters, des Inhalts und der Person des Heiligen Geistes habe ich auch persönlich Unterweisung, Ermutigung und Trost erhalten.

Wenn du (oder jemand, den du kennst) den Heiligen Geist kennenlernen und wissen möchtest, wie die beständige Gegenwart Christi in uns („unsere Hoffnung auf Herrlichkeit") Heilung, Wiederherstellung, Wahrheit und Verwandlung bewirken kann und es auch tut, dann ist dieses Buch genau das Richtige für dich.

Cameron Wright
Gemeindegründer, Pastor,
Mitglied des Kernteams von *Harvest Alliance Global*

Inhalt

Gewidmet

dem Geist des auferstandenen Christus,

der in unseren Herzen lebt,

und allen, die ihn suchen.

Vorwort

Ich lernte Don und Jackie Ragland 2016 kennen, als ich auf der *Iris Global Harvest School* in Mosambik sprach. Uns allen war sofort klar: Gott wollte, dass wir zusammenarbeiten. Sie schlossen sich noch im selben Jahr unserem Dienst an, und seitdem sind wir gemeinsam an viele Orte gereist, haben neue Gemeinden gegründet und das Evangelium gepredigt. Wir haben gemeinsam große Herausforderungen gemeistert, haben gesehen, wie Gott unglaubliche Wunder vollbrachte, und erlebt, wie der Heilige Geist auf unfassbare Weise ausgegossen wurde.

Don und Jackie gehören zu den tiefgründigsten theologischen Lehrern, die ich kennenlernen durfte. Sie haben die einzigartige Fähigkeit, Komplexes einfach darzustellen. In ihrem Buch erklären Don und Jackie auf wunderbare Weise anhand der Bibel das Wirken des Heiligen Geistes.

Als Jesus mit der Samariterin am Brunnen sprach, sagte er: *„Aber es kommt eine Zeit – und es ist jetzt –, dass die wahren Anbeter den Vater im Geist und in der Wahrheit anbeten. Und der Vater sucht ja solche, die ihn so anbeten. Gott ist Geist; und die, die ihn anbeten, müssen ihn im Geist und in der Wahrheit anbeten"* (Johannes 4,23-24).

Ein Lebensstil wahrer Anbetung hat zwei entscheidende Aspekte: Das Wirken des Heiligen Geistes und die Wahrheit von Gottes Wort. Historisch gesehen war die Gemeinde immer dann am effektivsten, wenn sie auf diesen beiden Prinzipien gegründet war. Ich bin in einer traditionellen Gemeinde aufgewachsen, in der ich jahrelang Zeuge war, wie die Wahrheit von Gottes Wort kühn verkündet wurde. Ich bin so dankbar für dieses Fundament! Aber etwas in mir sehnte sich danach, den Heiligen Geist die Wunder vollbringen zu sehen, von denen ich in der Apostelgeschichte las. Als ich auf das Missionsfeld in Afrika ging, änderte sich alles! Ich sah, wie Gott Wunder tat, und empfing die Taufe des Heiligen Geistes. Als ich zum ersten Mal in

Zungen sprach, wusste ich, dass gerade etwas Gewaltiges in meinem Leben geschehen war, aber ich hatte Mühe, anhand der Bibel zu erklären, was geschah. Ich habe viele Jahre gebraucht, um zu lernen, wie ich in der Kraft des Heiligen Geistes und der Wahrheit des Wortes wandeln kann. Wie gerne hätte ich dieses Buch damals gelesen!

Ich möchte meine nicht-charismatischen Brüder und Schwestern gerne einladen, dieses Buch mit offenem Herzen zu lesen. Oft lesen wir die Bibel durch die Brille dessen, was uns gelehrt wurde. Diese Traditionen der Menschen können uns oft daran hindern, die Heilige Schrift für sich selbst sprechen zu lassen. Es ist schwer, Gott sprechen zu hören, wenn wir in unserem Herzen bereits entschieden haben, was er sagen wird. Bittet den Heiligen Geist, sich euch zu offenbaren und euch aus dem Wort die Wahrheit über ihn zu zeigen.

An meine charismatischen Brüder und Schwestern: Ich ermutige euch nachdrücklich, tiefer in den Strom Gottes und in das Wort Gottes einzutauchen! Ihr müsst wissen, was ihr glaubt und warum ihr es glaubt. Ich ermutige euch, dieses Buch mit offenem Herzen und offenem Geist zu lesen und dem Herrn zu erlauben, zu euch zu sprechen.

Einmal sprach ich auf einer Pfingstkonferenz und der Heilige Geist sagte mir, ich solle über die Taufe des Heiligen Geistes lehren. Ich dachte, das sei ein seltsames Thema für ein Treffen von Pfingstpastoren. Als ich jedoch begann, über das tägliche Leben in der Kraft des Heiligen Geistes zu sprechen und auch darüber, welche Vorteile es hat, eine täglichen Gewohnheit, im Geist zu beten, zu entwickeln, begannen die Leute nach vorne zu kommen, damit wir für sie beteten. Ich werde nie vergessen, dass Pastoren damals sagten, sie hätten 20 Jahre zuvor den Heiligen Geist erlebt, aber seitdem nicht mehr in Zungen gesprochen. Auf meinen Reisen um die Welt habe ich festgestellt, dass in Pfingst- und charismatischen Gemeinden ein großer Bedarf an einer gesunden, vom Geist erfüllten Lehre besteht.

Wenn du nun dieses Buch liest, lädt dich der Heilige Geist ein, ihn tiefer kennenzulernen und dich von ihm ermächtigen zu lassen, damit du deinen Auftrag erfüllen kannst, und seiner Herrlichkeit wie nie zuvor zu begegnen.

Joshua Muse
Gründungsdirektor von *Kaleo International.*

Einleitung

Fünfundzwanzig Jahre lang (1991–2016) hat mir der Herr die Möglichkeit gegeben, in verschiedenen Gemeinden in Tennessee (USA) und einigen anderen Orten biblische Lehren über den Heiligen Geist weiterzugeben. In Kapitel 9 beschreibe ich genauer, wie Gott dies geführt hat. Ich habe dieses Seminar in vielen verschiedenen konfessionellen und nicht-konfessionellen Gemeinden gehalten. Ich teilte es sowohl mit nordamerikanischen als auch mit hispanischen Gemeinden. Dabei lag die Zahl der Teilnehmer zwischen sechs und mehreren hundert Personen. Die Größe der Gruppe war nie wichtig. Wichtig war die Frucht unserer gemeinsamen Zeit. In all diesen Jahren habe ich zwei Konstanten beobachtet: den Hunger der Menschen nach mehr von Gott, der real und spürbar ist, und die Güte Gottes gegenüber seinem Volk.

Ab 2012 bekam ich mehr Möglichkeiten, in die Auslandsmission zu gehen, und seit 2016, als wir uns *Kaleo International Ministries* anschlossen, dienen Jackie und ich Vollzeit in der Auslandsarbeit und Mission. Wir durften dabei das Evangelium zu noch unerreichten indigenen Volksgruppen in Mexiko und Ostafrika bringen, verschiedene Schulen für die Ausbildung indigener Führungskräfte in verschiedenen Ländern gründen und Teil dieser internationalen Missionsbewegung sein, deren Schwerpunkt auf der Ausbildung von geistlichen Leitern und der Gründung von Gemeinden liegt. Bei alledem war die Güte Gottes offensichtlich und die Kraft des Heiligen Geistes unverzichtbar. Wir haben viel darüber gelernt, was es heißt, sich voll und ganz darauf zu verlassen, dass der Heilige Geist uns leitet und befähigt, und lernen immer noch dazu.

Viele gute Christen führen ein geistlich kraftloses Leben. Sie scheinen nicht in der Lage zu sein, ihre eigenen sündigen Neigungen und Abhängigkeiten zu überwinden, auch wenn sie sich das sehr wünschen. Am Ende führen sie ein „Doppelleben": eines, das sie sind, und eines, von dem sie wissen, dass sie es sein sollten, das sie aber nicht erreichen können. Sie erkennen, dass es eine Kluft gibt zwischen dem, was sie erkannt haben, und dem, was sie erleben, wissen aber nicht, wie sie diese Kluft schließen können. Nachdem sie jahrelang so gelebt haben, werden viele frustriert, freudlos und verbittert. Manche lehnen ihren Glauben ganz ab, weil er für die Probleme dieses Lebens nicht relevant ist, und sehen den Glauben an Jesus nur noch als eine Versicherungspolice für das Leben nach dem Tod. Sie haben auf die Wahrheit des Evangeliums reagiert und Jesus als Retter angenommen, aber genau wie die Jünger, die Paulus in Ephesus fand (s. Apostelgeschichte 19,1-7), haben sie noch nie etwas vom Heiligen Geist gehört. Und bei anderen beschränkt sich das Wenige, das sie über den Heiligen Geist wissen, auf den Kontakt mit Fernsehpredigern.

Gott hat es mir aufs Herz gelegt, die Botschaft vom Tröster so weiterzugeben, dass die Menschen ihn kennenlernen und täglich erleben wollen. Als sich mir diese Möglichkeiten boten, war ich Laienmitarbeiter in der Gemeinde und von Beruf Tierarzt. Da ich ein Laie war, schien es, dass die Menschen manchmal leichter eine Beziehung zu mir aufbauen konnten als zu einem ordinierten Geistlichen Sie sahen mich an und dachten: „Wenn er als Tierarzt diese Dinge wichtig findet, ist vielleicht auch etwas für mich dabei."

Seit diesen Tagen des Beginns habe ich einen Masters in Divinity (eine Qualifikation für den pastoralen Dienst) erworben und Jackie und ich sind ordinierte Missionare und Pastoren bei *Kaleo International Ministries*. Ich bin jedoch kein Theologe und gebe auch nicht vor, einer zu sein. Ich bin einfach ein Mann, der schon als kleiner Junge auf das Werben des Heiligen Geistes reagiert hat, Jesus als seinen Retter angenommen hat und während seines ganzen Lebens von ihm reichlich gesegnet wurde. Es gab zwar Zeiten, in denen ich mich von ihm entfernte, und das Leben hatte seine normalen Höhen und Tiefen, Freud und Leid, aber er war immer da.

Ich hatte nie die Absicht, diese Lehren als Buch herauszubringen. Sie begannen mit einem Kurs für Erwachsene, den ich in meiner Gemeinde hielt und den ich insgesamt mehr als 32 Jahre lang gelehrt habe. Mit wenigen Ausnahmen war unser einziger Lehrplan die Bibel. Ein Mitglied des Kurses, das den gleichen Kurs vor mir unterrichtet hatte, war nicht nur meine Sonntagsschullehrerin, sondern

16

auch eine geistliche Mentorin. Sie hatte die Taufe im Heiligen Geist ein paar Jahre vor Beginn meines Dienstes in diesem Kurs erhalten. Nachdem sie meine Lektionen über den Heiligen Geist gehört hatte, sagte sie etwas zu mir, das sich als prophetische Äußerung herausstellen sollte: „Diese Lektionen sind für ein breiteres Publikum." Nicht lange danach öffneten sich die Türen für mich, um in verschiedenen Gemeinden zu unterrichten. Die Lektionen haben sich im Laufe der Zeit verändert und weiterentwickelt, als meine eigene Erkenntnis und meine Erfahrung wuchsen, aber das Thema war immer dasselbe: Gott hat uns einen Weg gezeigt, wie wir ein kraftvolles, erfülltes und siegreiches christliches Leben führen können. Genau wie die Menschen, über die wir im Neuen Testament lesen, können wir die uns innewohnende Gegenwart Christi erfahren und die innere Gewissheit haben, dass wir gerettet sind. Gott möchte, dass wir sein Heil erfahren, und er möchte, dass wir sein Heil täglich in seiner ganzen Fülle erleben und nicht nur intellektuell etwas von ihm wissen.

Die Leute begannen, nach Notizen oder Unterlagen des Unterrichts zu fragen. Aber ich hatte immer noch kein Bedürfnis, ein Buch zu schreiben. Über einen Zeitraum von etwa zwei Jahren fragten mich die Leute jedoch überall, wo ich auftauchte, ob ich diese Lektionen in Buchform hätte. Als ich ihnen erklärte, dass dies nicht der Fall sei, ermutigten sie mich immer wieder, das Buch zu schreiben. Auch meine Frau ermutigte mich, das zu tun. Irgendwann hatte ich schließlich das Gefühl, der Herr wolle mir vielleicht sagen, es sei an der Zeit, diese Lehren in einer dauerhafteren Form festzuhalten. So kam es zu diesem Buch.

Jackie, die seit 1976 meine wunderbare Frau ist, gibt in diesem Buch auch ihre Perspektive weiter. Wir wollten, dass der Leser aus ihrer Sicht erfährt, was die Beziehung zu Jesus durch den Heiligen Geist für unsere Familie bedeutet hat. Es war 1983, als sie und ich zum ersten Mal die Erfüllung mit dem Geist empfingen. Ich kann mir nicht vorstellen (und möchte es auch gar nicht wissen!), wie die Jahre seither ohne das tägliche Leben mit dem Heiligen Geist gewesen wären. Er war unser ständiger Wegweiser, Trost und eine Quelle der Weisheit, was unser Zuhause, unsere Geschäfte, unseren Dienst und die Erziehung unserer Kinder angeht.

Mein Ziel beim Schreiben dieses Buches ist einfach. Ich möchte, dass der Herr damit macht, was er will. Wenn es nie veröffentlicht oder verbreitet worden wäre, wäre das für mich in Ordnung gewesen. Ich bete, dass es Gehorsam war, dieses Buches zu schreiben. Wenn es dazu beitragen kann, gute Frucht im Reich Gottes zu bringen, dann bete ich, dass der Herr die Türen öffnet, damit es jeden Menschen erreicht, den er erreichen will. Ich bete, dass es ein einfaches und leicht verständliches Buch geworden ist. Wenn du es liest, dann ist mein Gebet, dass sich deine Mühe lohnt. Vielleicht kann der Heilige Geist beim Lesen dieser Worte eine neue Liebe zu Jesus in deinem Herzen entfachen. Vielleicht wirst du ermutigt, dich ihm noch mehr hinzugeben. Vielleicht befähigen dich diese Kapitel, deinen Glauben leichter mit anderen zu teilen. Wenn du den Heiligen Geist noch nicht kennst, kann er vielleicht etwas auf diesen Seiten benutzen, um dich zu veranlassen, *„zu schmecken und zu sehen, dass der Herr gütig ist"* (Psalm 34,8). Sei gesegnet!

Kapitel 1

Wer ist der Heilige Geist?

Wer ist der Heilige Geist? Bei dieser Frage denken viele Menschen, auch viele Christen, an etwas Mystisches und unmöglich zu Verstehendes. Sie denken sofort an verschiedene Dinge, die sie über Manifestationen dieses Geistes gesehen oder gehört haben, wie z. B. Heilungsdienste und das Sprechen in Zungen. Der Heilige Geist ist jedoch kein „Ding", das beim ersten Pfingstfest nach der Auferstehung Jesu erfunden wurde. Er ist kein Gänsehautgefühl. Er ist nicht das Reden in Zungen. Er ist nicht das Fallen auf den Boden. Er ist kein Geschrei. Er ist keine Heilung, kein Wunder oder irgendetwas Ähnliches. Manchmal reagieren wir auf diese Art und Weise auf seine Gegenwart oder sehen, wie er sich in diesen Dingen manifestiert, aber diese Bekundungen seiner Gegenwart erklären nicht, wer er ist. Er ist keine unbekannte, ätherische Kraft des Guten im Universum, die umherschwebt und „Gutes tut". Der Heilige Geist ist seit dem „Anfang" da und wird es immer sein.

Der Geist war schon vor der Erschaffung der Erde aktiv, was die Schöpfung angeht. Im ersten Kapitel des ersten Buches der Bibel sehen wir ihn bei der Arbeit: *„Im Anfang schuf Gott den Himmel und die Erde. Und die Erde war wüst und leer, und Finsternis war über der Tiefe; und der Geist Gottes schwebte über dem Wasser"* (1. Mose 1,1-2). Als Gott seinen Bund mit Abraham bestätigte, war der Heilige Geist anwesend und bewegte sich wie eine brennende Fackel durch die Mitte der Bundesopfer.[1] Als Gott Mose auf dem Berg Sinai die Gebote gab, waren die Worte auf den Steintafeln mit dem „Finger

---

[1] S. 1. Mose 15,17.

Gottes" geschrieben.[2] Etwa vierzehnhundert Jahre später erklärte Jesus, dass er Dämonen durch den „Finger Gottes"[3] oder, wie es in der Parallelgeschichte bei Matthäus heißt, durch den „Geist Gottes"[4] austrieb. Als Samuel Saul zum ersten König Israels salbte, kam der Heilige Geist auf ihn.[5] Als Saul später sündigte und sich gegen Gott auflehnte, sagte die Heilige Schrift, dass der Geist ihn verließ.[6] Diese plötzliche Leere ließ Saul so verzweifelt werden, dass er bei der Hexe von EnDor geistlichen Rat suchte.[7]

Als Samuel David zum nächsten König salbte, sagt die Heilige Schrift eindeutig, dass der Heilige Geist auf David kam und ihn zu diesem Amt befähigte.[8] Später sündigte David, indem er Urija töten ließ und Batseba zur Frau nahm. Als er von dem Propheten Nathan mit dieser Sünde konfrontiert wurde, tat David mit diesen Worten Buße: *„Erschaffe mir, Gott, ein reines Herz, und erneuere in mir einen festen Geist! Verwirf mich nicht von deinem Angesicht, und den Geist deiner Heiligkeit nimm nicht von mir! Lass mir wiederkehren die Freude deines Heils, und stütze mich mit einem willigen Geist!"* (Psalm 51,12-14). David hatte Sauls Untergang beobachtet und begriffen, dass er ohne den Heiligen Geist weder die Weisheit noch die Kraft hätte, König zu sein. Ebenso würde er ohne den Geist keine Freude am Leben haben.

Im gesamten Alten Testament sehen wir, wie der Geist aktiv im Leben der Propheten, Priester und Könige wirkt. Auch im Neuen Testament setzt sich dieses Wirken fort, wenn wir sehen, wie Maria durch die Kraft des Heiligen Geistes schwanger wird.[9] Später wird Jesus selbst bei seiner Taufe mit dem Geist erfüllt und danach ständig von demselben Geist geleitet.[10] Später wurde er durch die Kraft des

---

[2] S. 2. Mose 31,18.
[3] S. Lukas 11,30.
[4] S. Matthäus 12,28.
[5] S. 1. Samuel 10,6.
[6] S. 1. Samuel 16,14.
[7] S. 1. Samuel 28,7-8.
[8] S. 1. Samuel 16,13.
[9] S. Lukas 1,35.
[10] S. Lukas 3,22; 4,1.

Geistes[11] aus dem Grab auferweckt und bringt sich durch die Kraft des „ewigen Geistes" (als Opfer) seinem Vater im Himmel dar.[12] Die Apostelgeschichte berichtet über das Leben der ersten Anhänger Jesu, wie sie vom Heiligen Geist erfüllt und geleitet werden und das Evangelium durch Wort und Tat verbreiten. Die Briefe des Neuen Testaments sind voll von Informationen über die Beziehung der Gläubigen zum Heiligen Geist. Das letzte Kapitel des letzten Buches der Bibel zeigt, wie der Heilige Geist mit der „Braut" zusammenarbeitet, während sie gemeinsam für die Wiederkunft des Herrn Jesus beten.[13] Buchstäblich vom ersten bis zum letzten Buch der Heiligen Schrift, von den ersten bis zu den letzten Versen, sehen wir den Geist am Werk. Von vor dem Beginn der aufgezeichneten menschlichen Geschichte bis zum vorausgesagten Ende der Geschichte, wie wir sie kennen, ist der Geist Gottes in dem, was die Schöpfung angeht, aktiv und wird es auch weiterhin sein.

Eine angemessene Beschreibung des Geistes könnte lauten: „die Manifestation Gottes, die eng mit seiner Schöpfung zusammenarbeitet". Gott, der Vater, thront im Himmel, und wir können im Moment nicht von Angesicht zu Angesicht bei ihm sein. Jesus, Gott der Sohn, sitzt derzeit zur Rechten des Vaters, tritt als Hohepriester für uns ein und wartet auf seine physische Rückkehr auf die Erde am Ende dieses Zeitalters. Zwar existiert er in einem auferstandenen und verherrlichten Körper, doch ist Jesus derzeit nicht physisch bei uns anwesend. Gott, der Geist, ist jedoch ständig und eng mit uns verbunden. Er verlässt uns keinen Augenblick, sondern ist unser ständiger Führer, Lehrer, Tröster, Ratgeber und Freund. Er ist der Geist von Jesus und unser ständiger Begleiter. Die beste, einfachste und treffendste Definition des Heiligen Geistes, die ich je gehört habe, kam von einem jungen Mädchen in der Sonntagsschulklasse. Auf die Frage „Wer ist der Heilige Geist?" antwortete sie: „Der Geist des auferstandenen Christus, der in meinem Herzen lebt." Diese einfache Aussage enthält die Antwort auf eine Frage, über die seit Jahrhunderten nachgedacht wird, ein Geheimnis, das seit Generationen verborgen ist.

---

[11] S. Römer 8,11.
[12] S. Hebräer 9,14.
[13] S. Offenbarung 22,17.

Von diesem Geheimnis ist in der Heiligen Schrift die Rede. 1. Korinther 2,1-7 sagt uns, dass Satan und die Mächte der Finsternis den „Herrn der Herrlichkeit" niemals gekreuzigt hätten, wenn sie den Sieg vorausgesehen hätten, den Gott durch die Kreuzigung und Auferstehung errungen hat. Dieses Geheimnis war vor ihrer Weisheit verborgen.

Sie waren nicht in der Lage zu erkennen, dass Christus durch seine scheinbare Niederlage im Tod den Weg für einen Neuen Bund geebnet hat, in dem das Gesetz Gottes nicht länger auf Steintafeln geschrieben steht, sondern in den Herzen seines Volkes.[14] In Epheser 3,9-11 heißt es, dass dieses Geheimnis durch die Gemeinde offenbart wird, und Kolosser 1,27 offenbart die Antwort auf dieses uralte Geheimnis: *„Es ist der Messias in euch – die Hoffnung der Herrlichkeit."* Der Geist des auferstandenen Christus, der in meinem Herzen lebt!

Gegen Ende seines irdischen Wirkens sprach Jesus zu den Jüngern über das Kommen des Geistes. Wir können viel über ihn lernen, wenn wir uns einige dieser Schriftstellen ansehen.[15] Jesus versicherte seinen Jüngern, dass er ihnen nach seinem Tod einen anderen Tröster senden würde, der bei ihnen wäre. Er würde sie nicht allein lassen. Es war sogar zu ihrem Besten, dass er wegging, denn der Tröster konnte nicht kommen, wenn Jesus nicht zuerst den Weg des Kreuzes ging. Außerdem versicherte er ihnen, dass sie das Kommen dieses Geistes erkennen würden, weil er bereits bei ihnen gewohnt habe und sie ihn deshalb erkennen würden, wenn er wiederkäme.

Wie hatte der Geist bei den Jüngern gewohnt? Natürlich in Jesus, denn ihm wurde der Geist in seiner ganzen Fülle gegeben.[16] Woran würden die Jünger den Geist erkennen, wenn er zu ihnen zurückkäme? Sie würden in ihm dieselbe Persönlichkeit sehen, die sie in Jesus kennengelernt hatten. Er würde mögen, was Jesus gemocht hatte, dienen, wie Jesus gedient hatte, heilen, wie Jesus geheilt hatte, und lieben, wie Jesus geliebt hatte. Es würde keinen Unterschied zwischen der Persönlichkeit und dem Dienst des Heiligen Geistes und der Persönlichkeit und dem Dienst von Jesus Christus geben. Die Jünger, die Jesus kennengelernt und Zeit mit ihm verbracht hatten, würden den

---

[14] S. Jeremia 31,33.
[15] S. Johannes 14,16-18, 25-26; 16,7-15.
[16] S. Johannes 3,34.

Heiligen Geist erkennen können, weil es keinen Unterschied in Bezug auf ihre Gegenwart gäbe. Es gäbe jedoch einen wichtigen Unterschied in der Beziehung zwischen den Jüngern und dem Heiligen Geist im Gegensatz zu der Beziehung, die sie mit dem irdischen Jesus geteilt hatten. Jesus hatte *unter* ihnen gewohnt, aber wenn er wiederkäme, würde der Geist *in* ihnen wohnen. „... *der Messias in euch – die Hoffnung der Herrlichkeit*"[17]; der Geist des auferstandenen Christus, der in meinem Herzen wohnt!

Vergiss nicht: Wenn Satan dieses Wunder hätte vorhersehen können, hätte er Jesus lieber am Leben gelassen, als zu riskieren, dass die Macht Gottes durch seinen Tod in der Welt freigesetzt würde: Gottes Licht, freigesetzt durch Millionen von Gläubigen in allen kommenden Zeitaltern in Satans Reich der Finsternis. Bitte bedenke: Wenn Satan dieses Werk Gottes so ernst nimmt, nehmen wir Christen es vielleicht größtenteils zu leicht. Gott hat die Mittel zur Verfügung gestellt, um das Evangelium zu allen Völkern zu bringen und denen, die in der Welt der Finsternis gefangen gehalten werden, zu predigen, zu lehren, zu heilen und Befreiung zu bringen. Er wünscht sich sehr, dass wir dieses Geschenk seines Geistes nutzen. Er ist gestorben, um dies zu ermöglichen.

Johannes 16,13-15 erzählt von der Arbeit des Geistes. Der Geist nimmt die Dinge, die Christus gehören, und teilt sie uns mit. So wie Jesus das Wesen des Vaters offenbarte, offenbart der Heilige Geist Christus denen, die ihn suchen. Zu der Zeit, als Jesus auf der Erde war, hatte sich das auserwählte Volk Gottes so weit vom wahren Wesen Gottes entfernt, dass die meisten ihn nicht erkennen konnten, als er tatsächlich zu ihnen kam. Jesu Verärgerung darüber zeigt sich in seiner Antwort, als Phillippus ihn gegen Ende seines irdischen Dienstes bat, ihnen den Vater zu zeigen. „*So viel Zeit bin ich bei euch, und du hast mich nicht erkannt, Philippus? Wer mich gesehen hat, hat den Vater gesehen ...* "[18]

Auch heute versäumen es viele Kinder Gottes, das wahre Wesen Gottes zu erkennen. Wir wissen viel über Gott, aber oft *kennen* wir *ihn* nicht. Zu oft konzentrieren wir unseren Glauben auf die Einhaltung von Traditionen und Ritualen und schließen die Gegenwart Gottes

---

[17] Kolosser 1,27.
[18] Johannes 14,8-9.

praktisch aus. Wir kennen unsere „Religion" viel besser, als wir Jesus kennen. Die Gegenwart des Heiligen Geistes macht diesen Fehler jedoch überflüssig. Andererseits wollen manche Gläubige eine echte Beziehung zum Heiligen Geist durch „Lobpreis und Anbetung" ersetzen und halten das Hochgefühl, das sie durch Musik und Gesang erfahren, fälschlicherweise für die Fülle des Heiligen Geistes. Verstehe bitte: Es ist sehr angemessen und notwendig, dass wir den lebendigen Gott loben und anbeten, aber wir dürfen unsere Gefühle niemals mit der tieferen Gegenwart und Wahrheit Gottes verwechseln. Wir müssen dem Heiligen Geist erlauben, diese Erfahrungen seiner Gegenwart zu nutzen, um uns durch Buße, Heilung, Befreiung und Gnade weiter zu heiligen und zu vervollkommnen.

Es ist unmöglich, das Werk des Geistes vom Werk Jesu zu trennen. Die beiden sind eins. Es ist nur eine Illusion, wenn wir glauben, wir könnten Jesus folgen, ohne der Leitung und Offenbarung des Geistes zu folgen. Ebenso falsch ist es zu denken, das Ziel unseres Glaubens liege in den Gaben und Offenbarungen des Geistes. Das Ziel unseres Glaubens liegt in der Person Jesu und in der Übertragung seines göttlichen Wesens auf uns durch die Verheißung seines innewohnenden Geistes.[19] Die beiden sind untrennbar. Es ist töricht, die Gemeinde in zwei Lager zu spalten, je nachdem, ob wir dem Geist oder Christus folgen. Es ist unmöglich, wirklich dem einen ohne dem anderen zu folgen. Ein Glaube, der sich in erster Linie auf die Manifestationen des Geistes konzentriert, ist fehlgeleitet, denn der Geist „redet nicht von sich selbst", sondern verherrlicht Jesus.[20] Vergiss nicht, dass wunderbare Zeichen den Gläubigen folgen; aber Gläubige sollen nicht Zeichen und Wundern nachjagen.[21] Ein Glaube, der meint, er folge Jesus, brauche aber „das Heilige-Geist-Zeug" nicht, ist ebenso fehlgeleitet, denn nur durch den Geist der Wahrheit können wir Jesus kennenlernen.

Wer ist der Heilige Geist? Er ist Gott mit uns. Er ist Christus in dir. Er ist der Geist des Lebens, der Geist des Lichts, der Geist der Gerechtigkeit, der Geist der Wahrheit, der Tröster, der Beistand und der Lehrer. Er ist der Geist des auferstandenen Christus, der in unseren Herzen lebt.

---

[19] S. 2. Petrus 1,3-4.
[20] S. Johannes 16,13-14.
[21] S. Markus 16,17.

Fragen zum Weiterdenken

1. Wie lange ist der Heilige Geist schon da?

2. Wo sehen wir den Heiligen Geist in der Heiligen Schrift zum ersten Mal am Werk?

3. Wer ist „der Finger Gottes"? Warum wird er so genannt?

4. Gibt es Beweise für das Wirken des Heiligen Geistes im Leben von König David? Erkläre es.

5. Wo sehen wir das Wirken des Heiligen Geistes zum ersten Mal im Neuen Testament?

6. Wo können wir den Heiligen Geist im Leben Jesu am Werk sehen?

7. Gibt es weitere Berichte über das Wirken des Heiligen Geistes nach Jesu Tod und Auferstehung?

8. Wer ist der Heilige Geist?

9. Wie sollten die Jünger den Geist erkennen, als er zu ihnen kam?

10. Was ist das Werk des Heiligen Geistes?

11. Wie können wir Gott **kennenlernen,** anstatt etwas **über** Gott zu wissen?

12. Was ist das Ziel unseres Glaubens als Nachfolger (Gläubige) von Jesus Christus?

13. Ist der Heilige Geist eher eine „Person" oder ein „Ding"?

14. Was sind die Hauptunterschiede zwischen der „Salbung" durch den Geist im Alten Bund und der „Innewohnung" des Geistes im Neuen Bund?

Kapitel 2

Etwas mehr

Die Jahre 1982 und 1983 waren schwierige Jahre im Leben meiner jungen Familie. Es gab sicherlich nichts, was besonders einzigartig oder schwieriger war als das, was den meisten Menschen irgendwann in ihrem Leben widerfährt. Doch wenn wir es zulassen, benutzt Gott diese Zeiten in unserem Leben, damit wir auf ihn aufmerksam werden und unsere Gedanken auf ihn richten.

Genau das ist Jackie und mir passiert. Auf der Suche nach einem Sinn für unser Leben und der Ursache für unsere Probleme suchten wir beide Gott mit neuem Elan. Da ich in der Kirche aufgewachsen war und als kleiner Junge Christus angenommen hatte, kannte ich mich mit den biblischen Geschichten und der Moral des christlichen Lebens gut aus. Ich wusste, dass eine persönliche Beziehung zu Jesus durch die Erlösung, die er am Kreuz erkauft hat, möglich war. Aber in den darauffolgenden Jahren hatte ich viele „gute" Menschen kennengelernt, die keine Christen waren. Diese Bekanntschaften hatten dazu geführt, dass ich meinen Glauben innerlich in Frage stellte.

Meine Jahre an der Fachschule und meine neue Karriere in der Tiermedizin waren sehr anstrengend. Jackie litt unter schweren Depressionen. Die Zukunft unserer Ehe stand auf der Kippe. Ich schien die Fähigkeit verloren zu haben, emotionale Zuneigung zu geben und zu empfinden. Ich war mir nicht mehr sicher, ob der Gott, den ich gekannt hatte, die gegenwärtigen Bedürfnisse unseres Lebens erfüllen konnte oder würde.

Ich weiß noch, dass ich eines Nachts in großer Not zu Gott sagte, ich sei nicht mehr sicher, ob dieses christliche Leben all die Zeit und Mühe wert war. Wenn es mehr gab als das, was ich durch meine Beziehung zu ihm kannte, dann solle er es mir doch zeigen; andernfalls würde ich alles vergessen und meine Zeit und Energie auf andere Dinge konzentrieren. Ich begann, ernsthaft in der Heiligen Schrift zu suchen, um selbst herauszufinden, ob es tatsächlich „etwas mehr" gab. Natürlich ist Gott treu, auch wenn wir es nicht sind. Wenn man ihm eine Chance gibt, wenn das Herz hungrig ist, wird er sich immer zu erkennen geben. Er zeigte mir tatsächlich die Antworten, nach denen ich suchte, indem er mich mit der einen Manifestation seiner selbst bekannt machte, die ich nicht kannte: dem Heiligen Geist.

Die Dreieinigkeit ist eine Wahrheit, die in der gesamten Heiligen Schrift gelehrt wird, obwohl das genaue Wesen des dreieinigen Gottes nicht gelehrt wird. Theologen haben lange über diese Frage nachgedacht und es übersteigt sicherlich mein Verstehen und meine Fähigkeit, die genaue Beziehung zwischen Gott dem Vater, Gott dem Sohn und Gott dem Geist zu erklären. Aber wäre es nicht töricht, eine Wahrheit, die so klar in der Heiligen Schrift gelehrt wird, abzulehnen, nur weil ich etwas an dieser Wahrheit nicht verstehe? Wenn ich alles über Gott mit meinem Verstand begreifen könnte, dann wäre Gott niemals größer als mein begrenztes Verstehen. Es sollte also nicht überraschen, dass ein endlicher Verstand einen unendlichen Gott nicht vollständig begreifen kann. Je mehr ich darüber nachdenke, desto mehr wird mir klar, dass ich mir einen Gott wünsche, der viel größer ist als das, was mein begrenzter Verstand erfassen kann. Wir erhalten jedoch einige Einblicke in das Wesen Gottes, wenn wir die Bibelstellen über das Wirken des Geistes im Leben Jesu studieren.

Im Lukasevangelium wird berichtet, dass Maria, als sie noch Jungfrau war, durch die Kraft des Heiligen Geistes schwanger wurde und Jesus zur Welt brachte. Der Geist kam auf das Baby im Bauch von Marias Cousine Elisabeth und gab ihm die Kraft, der irdische Wegbereiter Christi zu werden, der als Johannes der Täufer bekannt ist.[22] Des Weiteren salbte der Geist Simeon und ermöglichte ihm zu verstehen, dass das Baby, das Maria brachte, um es Gott zu weihen, der verheißene Erlöser Israels war. Wir erfahren nur sehr wenig über Jesus in seinen frühen Jahren. Es wird berichtet: *„Und das Kind wuchs und wurde stark, mit Weisheit erfüllt, und Gottes Gnade war auf ihm."*[23] Als Jesus dreißig Jahre alt war, ließ er sich von seinem Cousin

---

[22] S. Lukas 1,30-44.
[23] Lukas 2,(25-)40.

Johannes im Jordan taufen. Damit begann sein öffentliches Wirken, und die Heilige Schrift berichtet: Als Johannes Jesus mit Wasser taufte, *„öffnete sich der Himmel, und der Heilige Geist kam auf ihn herab mit leiblicher Erscheinung wie eine Taube"*[24] und damit die Prophezeiung erfüllte, die Johannes über das kommende Lamm Gottes gegeben hatte. Zu diesem Zeitpunkt sprach der Vater vom Himmel: *„Du bist mein geliebter Sohn, an dir habe ich Gefallen."*[25]

Unmittelbar danach heißt es, Jesus sei *„erfüllt von Heiligem Geist".*[26] Jesus wurde durch den Heiligen Geist empfangen, und wir wissen, dass der Geist Gottes immer bei ihm war. Was war in ihrer Beziehung anders, dass es nun heißt, er sei „voll" des Geistes? Die Antwort darauf finden wir in dem, was als Nächstes passiert. Jesus wird sofort vom Geist in die Wüste geführt, wo er versucht wird, bevor er seinen Dienst beginnt. Das ist das erste Mal, dass die Heilige Schrift einen Hinweis darauf gibt, dass Jesus vom Geist zu einem bestimmten Ort oder einer bestimmten Handlung geführt wurde. Nach der Versuchung in der Wüste kehrte er *„in der Kraft des Geistes"*[27] zurück und verkündete offiziell seine Salbung durch den Geist, um zu predigen, zu heilen und zu befreien. Außerdem erklärte er, diese Schriftstelle habe sich *„heute"*[28] erfüllt. Vom Geist erfüllt zu sein, scheint gleichbedeutend damit zu sein, dass die Kraft des Geistes in seinem Leben am Wirken war. Von diesem Zeitpunkt an verbrachte Jesus sein Leben damit, genau das zu tun, wozu der Geist ihn führte. Jesus erklärte wiederholt, dass die Werke, die er tat, nicht seine eigenen waren, sondern die des Vaters. Und die Worte, die er sagte, waren nicht seine eigenen, sondern die des Vaters. Ich glaube, dass Gottes Wunsch für alle seine Kinder in dieser Beziehung zwischen seinem Sohn und seinem Geist zu finden ist. Jesus wurde bei seiner Empfängnis aus dem Geist *geboren*, bei seiner Taufe mit dem Geist *erfüllt* und *lebte* den Rest seines Lebens in der Kraft des Geistes.

Petrus' Sicht von Jesus scheint dieser Beziehung große Bedeutung beizumessen. Am Pfingsttag, als er der Menge die Ausgießung des

---

[24] Lukas 3,21-22.

[25] Lukas 3,22.

[26] S. Lukas 4,1.

[27] S. Lukas 4,14.

[28] S. Lukas 4,21.

Heiligen Geistes erklärte, sagte Petrus der Menge über Jesus: „ ... *der Mann, den Gott euch vorgestellt hat mit Kraftwirkungen, Wundern und Zeichen ...* "[29] Später, als er Kornelius das Evangelium verkündet, erklärt Petrus: „ ... *Jesus von Nazaret. Nachdem Gott ihn gesalbt hatte mit Heiligem Geist und Kraft, ging er umher, tat wohl und heilte alle, die vom Teufel unterdrückt waren, denn Gott war mit ihm.* "[30] In jedem Fall hätte Petrus Jesus einfach als den Christus, den Sohn Gottes oder den Messias bezeichnen können. Aber er entscheidet sich dafür, die vom Heiligen Geist abhängige Menschlichkeit Jesu zu betonen: ein vom Geist Gottes bevollmächtigter Mensch, der das Werk Gottes tut. Jesus als Menschensohn zeigt uns, was der Vater für seine Kinder vorgesehen hat: Menschen, die durch den Heiligen Geist in einer innigen Beziehung zu ihrem himmlischen Vater stehen: *aus dem Geist geboren, mit dem Geist erfüllt und im Geist wandelnd.*

Aber, so magst du dich fragen, reden wir nicht von dem fleischgewordenen Wort – dem fleischgewordenen Gott? Gilt diese Beziehung auch für normale Männer und Frauen wie mich und dich? Schauen wir einmal, ob die Heilige Schrift dasselbe Muster im Leben der Jüngerinnen und Jünger erkennen lässt.

Am Abend der Auferstehung erscheint Jesus seinen Anhängern, die aus Angst vor den jüdischen Religionsführern hinter verschlossenen Türen versammelt sind. Der auferstandene Herr erscheint, haucht sie an und sagt: „*Empfangt Heiligen Geist!*"[31] („Atem Gottes" ist einfach ein anderer Name für den Heiligen Geist; s. 1. Mose 2,7; Hiob 33,4). Das griechische „pneumos" wird sowohl mit „Atem" als auch mit „Geist" übersetzt. Was geschah mit den Jüngern zu dieser Zeit? Wäre es nicht logisch, dass sie ewiges Leben von Jesus erhalten haben? Wegen der Sünde konnte vor dieser Zeit kein Mensch aus dem Geist geboren werden und in das Reich Gottes kommen. Erst als Jesus als Opfer für die Sünde aller Menschen am Kreuz starb, war dies möglich. Am ersten Tag, nachdem er siegreich aus dem Grab auferstanden war, kehrte er zu den wenigen Gläubigen zurück und gab ihnen das größte Geschenk von allen: die Wiedergeburt, das neue Leben im

---

[29] Apostelgeschichte 2,22 (ELB).
[30] Apostelgeschichte 10,38.
[31] Johannes 20,22.

Geist. Ich glaube, als Jesus sie anhauchte, wurden sie *„aus dem Geist geboren"*, so wie Jesus es zuvor Nikodemus erklärt hatte.[32]

In den nächsten vierzig Tagen erscheint Jesus immer wieder seinen Jüngern und spricht zu ihnen über das Reich Gottes. Ich kann mir nur vorstellen, wie erstaunt sie waren, als sie zu seinen Füßen saßen, seinen verherrlichten Körper sahen und seinen Erklärungen über die Vergangenheit, Gegenwart und Zukunft zuhörten. Wie aufgeregt müssen sie gewesen sein und wie sehr wollten sie diese wunderbare Nachricht mit allen Menschen teilen, die sie kannten. Umgekehrt müssen sie etwas verwirrt gewesen sein, als Jesus sie anwies, nirgendwohin zu gehen, sondern in Jerusalem zu warten, bis sie die Verheißung des Vaters – die Taufe im Heiligen Geist – erhalten hatten.[33] Waren sie nicht zuvor mit demselben Geist gesalbt worden, um Wunder zu vollbringen und Dämonen auszutreiben? Hatte Jesus selbst ihnen nicht vierzig Tage vorher die geistliche Geburt geschenkt? Was war dieses „Ding", auf das sie warten sollten? Zehn Tage später, als sie im Obergemach versammelt waren, wurden ihre Fragen beantwortet, als der Geist wie ein mächtiger Wind und wie Feuerflammen über sie kam. Sie waren nun vom Geist erfüllt, so wie Jesus es im Jordan gewesen war.

Der Rest der Apostelgeschichte berichtet, wie die Jüngerinnen und Jünger vom Heiligen Geist geleitet wurden und den Menschen das ganze Evangelium von Jesus verkündeten. Sie predigten, lehrten, heilten, befreiten und verbreiteten in der Kraft des Heiligen Geistes die Nachricht von der Erlösung – genau wie Jesus. Sie wurden *aus dem Geist geboren, mit dem Geist getauft und wandelten in der Kraft des Geistes.*

Es handelte sich jedoch um Menschen, die Jesus auf Erden sehr nahegestanden hatten. Sie waren Augenzeugen der Auferstehung. Würde dieses Muster auch für alle gelten, die Jesus aufnahmen? Die Pfingstpredigt des Petrus scheint darauf hinzudeuten, denn er sagt klar und deutlich: *„Für euch ist das Versprochene ja da, auch für eure Kinder und für alle, die in der Ferne sind, die der Herr, unser Gott, zu sich rufen wird."*[34] Nach der Steinigung des Stephanus begannen die ersten Christen, sich von Jerusalem aus zu zerstreuen. Sie gingen in verschiedene Orte und Nationen, um die gute Nachricht von

---

[32] Johannes 3,1-5.
[33] Apostelgeschichte 1,1-5.
[34] Apostelgeschichte 2,39.

Jesus weiterzugeben. Philippus ging nach Samaria.[35] Er erzählte ihnen von Jesu Tod und Auferstehung und vollbrachte vor ihren Augen viele Wunder. Die Menschen nahmen die Nachricht von Jesus auf, glaubten an ihn und ließen sich taufen. Heute würden wir sagen, dass sie „gerettet" wurden. Sie wurden „wiedergeboren". Wie reagierten die Leiter der Gemeinde, als diese wunderbare Nachricht in Jerusalem eintraf? Sie schickten Petrus und Johannes sofort nach Samaria, um dafür zu sorgen, dass diese neuen Gläubigen die Taufe im Heiligen Geist erhielten. Wie wichtig muss das für sie gewesen sein!

Dieser Abschnitt macht den Unterschied zwischen der *Geburt* aus dem Geist und der *Taufe* mit dem bzw. im Geist deutlich. Die Errettung war nur der Anfang. Die neue Geburt war genau das, eine Geburt – ein Anfang. Der nächste notwendige Schritt war, die Kraft zum Wachsen zu erhalten – die Taufe im Geist. Genau wie Jesus den Jüngern befahl, Jerusalem nicht zu verlassen, bevor sie nicht mit dieser himmlischen Kraft bekleidet waren, war ihnen klar, dass alle neuen Gläubigen an Jesus dieselbe Befähigung brauchen würden, und sie erfüllten treu ihre Pflicht gegenüber den Neubekehrten. Der Bericht von Petrus, der Kornelius und seinem Haus das Evangelium verkündete (Apostelgeschichte 10), und Paulus' Entdeckung der Gruppe der zwölf Jünger in Ephesus (Apostelgeschichte 19) geben ein ähnliches Zeugnis von der Bedeutung, die die frühe Gemeinde sowohl der neuen Geburt (d. h. der Aufnahme Jesu) als auch der Taufe im Heiligen Geist beimaß. Die Schrift zeigt deutlich, dass sich dieses Muster auf alle Gläubigen erstreckte, genau wie Petrus es gesagt hatte.

Aus dem Geist geboren, mit dem Geist getauft, im Geist wandeln: Diese Entwicklung hat Gott für diejenigen vorgesehen, die ihn lieben; es ist die „Norm" für jeden Gläubigen. Alles andere würde bedeuten, dass wir hinter Gottes Wunsch für unser Leben zurückbleiben. Alles andere würde bedeuten, dass wir den Lügen Satans zum Opfer fallen. Weniger zu akzeptieren, hieße, ein frustriertes Leben zu führen, in dem wir zwar die Wahrheit der Errettung kennen, aber keine Kraft haben, siegreich zu leben, wie es die Heilige Schrift beschreibt. Weniger zu akzeptieren hieße, das „Mehr" zu verpassen, nach dem sich mein Herz sehnte. Ich begann zu verstehen! „Bitte Gott", betete ich, „gib mir die Gnade, deinen Geist zu empfangen!"

---

[35] S. Apostelgeschichte 8,5-17.

Fragen zum Weiterdenken

1. Was ist mit der Dreieinigkeit gemeint?

2. Können wir einen unendlichen Gott vollständig begreifen? Warum bzw. warum nicht?

3. Wann wurde Jesus aus dem Geist „geboren"?

4. Wann wurde Jesus mit dem Heiligen Geist „erfüllt"? Wie hat er darauf reagiert?

5. Wie veränderte sich Jesus nach diesem Punkt?

6. Warum betonte Petrus in seiner Pfingstpredigt die Menschlichkeit Jesu?

7. Wann wurden die Jünger Jesu aus dem Geist geboren? Wann wurden sie mit dem Geist erfüllt?

8. War das Werk des Heiligen Geistes im Leben Jesu vollendet, nachdem er „erfüllt" bzw. getauft worden war? Wie war es im Leben der Jünger?

9. Dieses Muster deutet auf eine Entwicklung im Leben von Jesus und seinen Jüngern hin. Worin besteht diese Entwicklung? Gilt sie auch für uns heute?

10. Mit welchen Schwierigkeiten muss ein Christ in seinem Leben wohl rechnen, wenn er in seiner Beziehung zum Heiligen Geist nicht reift?

Kapitel 3

Aus dem Geist geboren

Um zu verstehen, was es bedeutet, aus dem Geist geboren zu sein, brauchen wir eine Vorstellung davon, was es bedeutet, für den Geist tot zu sein. Die Heilige Schrift gibt uns einen guten Einblick in das, was wir als geschaffene Menschen sind und wie wir in den Zustand gekommen sind, in dem wir uns jetzt befinden. Am Ende seines Briefes an die Gemeinde in Thessalonich wünscht sich Paulus, dass Gott sie vollkommen *„heilig mache";* dass ihre ganze Person von Gott für seine Zwecke *„unversehrt bewahrt"* wird; dass somit ihr ganzes Wesen – Körper, Seele und Geist – von ihrem himmlischen Vater beeinflusst wird.[36]

Dieser einfache Vers öffnet die Tür zu einer wunderbaren Wahrheit über die Menschheit. Wir sind Wesen, die aus drei Hauptteilen bestehen: Körper, Seele und Geist. Die meisten Menschen werden dir sagen, dass der Mensch aus einem Körper und einer Seele besteht, es sei denn, sie wurden eines Besseren belehrt. Einige andere würden Körper und Geist sagen und annehmen, dass Seele und Geist gleichbedeutend sind. Diese Antworten sind jedoch laut der Heiligen Schrift nicht korrekt. Alle drei Teile sind eng miteinander verwoben, haben aber jeweils eine bestimmte Funktion.

Es ist klar, dass der Mensch sehr komplex ist und dass alles, was einen Teil unseres Wesens stark beeinflusst, sich auch auf die anderen Teile auswirkt. Es hat sich jedoch als sehr aufschlussreich erwiesen, die wichtigsten Merkmale der einzelnen Teile zu verstehen. Wenn wir uns selbst besser verstehen, fällt es uns auch leichter zu erfassen,

---

[36] S. 1. Thessalonicher 5,23.

wie der Heilige Geist mit uns in Beziehung steht. Wir wollen nun kurz auf jeden dieser Teile eingehen.

Der Körper ist vielleicht der am leichtesten zu verstehende Teil. Er ist das, was wir sehen, wenn wir uns gegenseitig anschauen. Über die körperlichen Sinne nehmen wir die Welt um uns herum wahr. Unser Körper wird zunächst im Mutterleib gezeugt, durch das Wunder der DNA nach einem bestimmten Muster geformt und klein, faltig und ziemlich hilflos in diese Welt geboren. Mit der Zeit wachsen und verändern wir uns. Wir werden größer, stärker, weniger faltig und unabhängiger. Unser Körper stellt hohe Anforderungen an uns, und ein großer Teil unseres Lebens besteht darin, uns um die Bedürfnisse unseres Körpers zu kümmern. Wenn wir nicht vorzeitig sterben, wird unser Körper schließlich wieder kleiner, schwächer, faltiger und abhängiger. Der Körper stirbt schließlich und wird Teil der Umwelt, indem er langsam zu den Grundelementen reduziert wird (d. h. „Staub zu Staub, Asche zu Asche").

Unsere Körper sind sicherlich wichtig, aber sie sind nicht unser wahres „Wir". Körper verändern sich mit der Zeit. Durch Krankheit, Verletzungen oder Operationen können sie sich in kurzer Zeit drastisch verändern. Auch wenn körperliche Veränderungen manchmal emotionale Veränderungen und Neuanpassungen nach sich ziehen, definiert unser Körper nicht, wer wir wirklich sind. Eineiige Zwillinge sind sich zwar körperlich verblüffend ähnlich, aber dennoch ist jeder ein einzigartiges Individuum. Unsere Einzigartigkeit wird nicht durch unseren Körper, sondern durch unsere Seele definiert.

Sowohl im hebräischen als auch im griechischen Verständnis (den beiden wichtigsten Originalsprachen der Bibel) ist die Seele sozusagen die Summe aller einzelnen Persönlichkeitsmerkmale. Unter all den Milliarden menschlicher Seelen, die es bisher gab, hat es noch nie eine Seele wie die deine gegeben und wird es auch nie geben. Deine Seele macht dich zu der Person, die du bist. Diese einzigartige Kombination aus Verstand, Gefühl und Willen verleiht dir eine Persönlichkeit, die ganz und gar individuell ist. Du bist eine einzigartige Schöpfung Gottes. Die Seele ist von Natur aus egozentrisch, ichbewusst und auf sich selbst bedacht. Das ist für deinen Schutz und die Fortpflanzung der Menschen notwendig. Diese „lebendige Seele" ermöglicht es uns, Ideale zu haben und danach zu streben, besser zu sein als wir sind. Sie ermöglicht es uns zu träumen, zu lernen und zu wachsen. Diese egozentrische Tendenz der Seele ist nützlich und richtig, solange sie dem Geist untergeordnet ist. Wenn dieses Verhältnis jedoch nicht im Gleichgewicht gehalten wird, wird diese natürliche Tendenz sehr zerstörerisch.

Im christlichen Denken wird die Seele für immer bewahrt. Wenn du einmal gezeugt wurdest, wird deine Seele für immer weiter existieren. Sie kann in Gottes Gegenwart oder in seiner Abwesenheit existieren, aber sie hört nie auf zu existieren. In der Heiligen Schrift finden wir viele Beispiele dafür, dass die Einzigartigkeit der Seele noch lange nach dem Tod des Körpers erhalten bleibt. Wir sehen Mose und Elia auf dem Berg der Verklärung, Hunderte von Jahren nach ihrem Tod (oder in Elias Fall nach seiner Verwandlung). Es wird uns gesagt, dass wir beim himmlischen Hochzeitsmahl mit Abraham, Isaak und Jakob zusammensitzen werden. Das kann nicht möglich sein, wenn die Individualität der Seele beim Tod verloren geht.

Wenn der Körper nur das Mittel ist, mit dem wir mit der physischen Welt in Beziehung stehen, und die Seele durch unsere einzigartige Persönlichkeit definiert ist, was ist dann der Geist des Menschen? Die Heilige Schrift weist darauf hin, dass der Geist der „geheime Bestandteil" ist, der den Menschen von den anderen Geschöpfen, die Gott geschaffen hat, unterscheidet. Als Gott Adams Körper (der aus der Erde geformt wurde) den Lebensatem einhauchte, wurde Adam zu einer *„lebendigen Seele"*[37]: einer Seele mit „Leben". Wessen Leben? Gottes Leben. Gott wollte den Menschen nach seinem Bild, nach seinem Ebenbild schaffen. Dies erforderte, dass das Leben Gottes auf den Menschen übertragen wurde, um ihn zu einem Geschöpf der Ewigkeit zu machen, um die Seele des Menschen auf eine höhere Ebene zu heben als die Seelen der anderen Tiere und um ihn zu befähigen, mit dem ewigen Gott zu kommunizieren und mit ihm Gemeinschaft zu haben. Es ist der Funke von Gottes ungeschaffenem Leben, der dem Menschen eingehaucht wird und der uns zu ewigen Wesen macht.

Der Geist, der dem Menschen eingehaucht wurde, ist der Teil des Menschen, der in direkter Verbindung mit Gott steht und die vorherrschende leitende Kraft in unserem Leben sein sollte. Der Geist ist von Natur aus auf Gott ausgerichtet und sucht Gott. Adam und Eva ver-

---

[37] 1. Mose 2,7 (SLT).

kehrten täglich mit Gott und führten auf der Erde seine Anweisungen aus. Die Wünsche ihres Verstandes und ihres Herzens sowie die Handlungen ihres Körpers waren direkt dem Geist Gottes untergeordnet und standen mit ihm in perfekter Harmonie. Gott hatte für all ihre Bedürfnisse gesorgt, ihnen aber auch die Ausübung ihres freien Willens erlaubt, indem er ihnen den Zugang zum Baum der Erkenntnis von Gut und Böse im Garten Eden gewährte. Er unterrichtete sie, sie würden „*an dem Tag*", an dem sie von diesem Baum äßen, sterben.[38] Satan, verkleidet als Schlange, widersprach dieser Aussage, als er Eva sagte: „*Keineswegs werdet ihr sterben!*"[39]

Wer hat die Wahrheit gesagt? Beide. Sie sprachen aus sehr unterschiedlichen Blickwinkeln und aus sehr unterschiedlichen Gründen. Gott wollte Adam und Eva beschützen. Satan wollte sie vernichten. Sind Adam und Eva an dem Tag, an dem sie Gott ungehorsam waren, physisch gestorben? Tatsache ist, dass sie noch Hunderte von Jahren lebten, nachdem sie aus dem Garten vertrieben worden waren. Haben ihre „Seelen" an dem Tag, an dem sie gesündigt haben, aufgehört zu existieren? Nein! In gewisser Weise wurden ihre Seelen sogar vergrößert und verstärkt. Die Aussage Satans wurde wahr. Ihre „Augen wurden geöffnet" und sie wurden „wie Götter", um „Gut und Böse" zu erkennen.[40] Satan sagte die Wahrheit – zu einem gewissen Grad. Sie starben nicht körperlich und sie verloren an diesem Tag auch nicht ihre Individualität. Was haben sie aber verloren? Sie verloren die geistliche Gemeinschaft mit ihrem Schöpfer.

Als ihnen die Augen geöffnet wurden, schämten sie sich und fühlten sich in Gottes Gegenwart nicht mehr wohl. Sie versuchten, ihre Blöße zu bedecken und versteckten sich vor der Gegenwart Gottes.[41] Sie hatten einen geistlichen Tod erlitten und waren nicht mehr eins mit ihrem Herrn.[42] Ihr Geist war nicht mehr im Einklang mit Gottes Geist und war nicht mehr der stärkste Teil ihres Wesens. Ihr Geist war „tot" in dem Sinne, dass er nicht mehr mit dem Geist Gottes in Verbindung stand, und ihre Seelen wurden zur dominierenden Kraft

---

[38] S. 1. Mose 2,17.

[39] S. 1. Mose 3,4.

[40] S. 1. Mose 3,7.22.

[41] S. 1. Mose 3,7-8.

[42] S. 1. Korinther 6,17.

in ihrem Leben. Ihre Augen wurden geöffnet, um Gut und Böse zu erkennen, und *„die Gier der menschlichen Natur, die Gier der Augen und die Angeberei mit dem Besitz"*[43] hielt sie nun in ihrem Griff. Der Tod des Geistes durchdrang ihr ganzes Wesen, und ihre Körper wurden sterblich und unterlagen Schmerz und Tod. Ihr Sinn verlor die Fähigkeit, den Sinn Gottes zu erkennen. Ihre Herzen verloren das Verlangen nach der Güte Gottes. Ihr Wille verlor die Demut, sich dem Willen Gottes unterzuordnen.

In seiner Barmherzigkeit vernichtete Gott sie nicht, sondern entfernte sie aus dem Garten, damit sie keinen Zugang mehr zum Baum des Lebens hatten und nicht für immer in diesem gefallenen Zustand leben würden.[44] Adam und Eva bekamen später Kinder, die wie sie geboren wurden.[45] Das heißt, sie wurden mit einem sehr lebendigen Körper und einer sehr lebendigen Seele geboren, aber mit einem toten Geist, einem Geist, der nicht in Verbindung mit ihrem Schöpfer stand und keine Macht hatte, ihr Leben zu lenken. Alle Menschen, die seither geboren wurden, mit Ausnahme von Jesus, wurden so geboren.[46]

Diese Tatsache ist leicht zu beobachten. Der Körper ist definitiv sterblich und dem Tod unterworfen. Die natürliche Tendenz des Menschen ist egozentrisch, was darauf hindeutet, dass die eigene Seele von Natur aus das Leben des Menschen „bestimmt". Muss man einem zweijährigen Kind beibringen, seine Spielsachen zu teilen, oder muss man ihm beibringen, egoistisch zu sein? Natürlich muss man ihm beibringen, wie man teilt. Wir fänden es seltsam, wenn es anders wäre, denn wir halten es für „natürlich", dass ein kleines Kind egoistisch ist; das heißt, wir erwarten, dass ein kleines Kind von Natur aus die Erfüllung seiner eigenen Bedürfnisse anstrebt. Musst du einem Teenager beibringen, Autoritäten zu respektieren oder gegen sie zu rebellieren? Wenn du schon einmal Kinder erzogen hast, weißt du, dass du ihnen ganz sicher nicht beibringen musst zu rebellieren! Es scheint „natürlich" (d. h. von Natur aus) zu sein, und wir würden es sogar ein bisschen seltsam finden, wenn Teenager nicht durch diese rebellische Phase gehen würden, während sie ihre eigene Identität

---

[43] 1. Johannes 2,16.

[44] 1. Mose 3,22-24.

[45] 1. Mose 5,3.

[46] Römer 5,12-21.

finden. Diese einfachen Beispiele zeigen deutlich, dass wir nicht mit einem starken, lebendigen Geist in perfekter Gemeinschaft mit dem Heiligen Geist geboren werden. Wir werden mit einem für Gott toten Geist geboren.

Diese Wahrheit bedeutet nicht, dass Babys, die sterben, dazu bestimmt sind, die Ewigkeit in der Hölle zu verbringen oder dass ein Mensch, der nie die gute Nachricht von Jesus hört, keine Hoffnung in der Ewigkeit hat. Die Bibel lehrt auch, dass Gott gerecht ist und weiß, wie er mit solchen Situationen umzugehen hat. Römer 5,13 lehrt: *„Sünde wird aber nicht zugerechnet, wenn es kein Gesetz gibt."* Da es Gottes Gesetz ist, das uns die Erkenntnis der Sünde bringt und uns zu Jesus führt,[47] muss das bedeuten, dass jemandem, der keine Erkenntnis der Sünde hat oder nicht zu Jesus geführt wurde, die Sünde nicht angerechnet wird. In diesen Fällen wird das Gewissen eines jeden Menschen zu seinem eigenen Gesetz, das ihn „anklagt" oder „entschuldigt".[48] Einfach ausgedrückt: Gott weiß, wie er mit der Seele eines jeden Menschen umzugehen hat, je nach der Wahrheit, der er ausgesetzt gewesen war, und den Möglichkeiten, die sich ihm geboten haben. Er tut dies auf eine Weise, die nicht gegen das grundlegende geistliche Prinzip verstößt, dass Jesus *„der Weg und die Wahrheit und das Leben"* ist. *„Niemand kommt zum Vater, außer durch [ihn]."*[49] In diesem Punkt schließe ich mich der Aussage von John Wesley an, der auf die Frage, wie Gott mit Menschen umgeht, die sterben, aber nie die gute Nachricht von Jesus gehört haben, erklärte: „Möge es bedeuten, was es will, es kann nicht bedeuten, dass der Richter der ganzen Welt ungerecht ist. Keine Schriftstelle kann bedeuten, dass Gott nicht Liebe ist oder dass seine Barmherzigkeit nicht über all seinen Werken steht."[50]

Die größere Frage ist: „Was ist mit dem Rest der Menschheit, der mit einem toten Geist und unter dem Fluch der Sünde in diese Welt geboren wird?" Welche Hoffnung haben wir? Die Antwort lautet: Wir müssen „wiedergeboren" werden, so wie Jesus es Nikodemus sagte: *„Amen, Amen, ich sage dir: Wenn jemand nicht von Neuem*

---

[47] Römer 7,7, Galater 3,24.
[48] Römer 2,12-16.
[49] Johannes 14,6.
[50] Luccock, Hutchinson und Goodloe, *The Story of Methodism,* S. 189.

geboren wird, kann er das Reich Gottes nicht sehen ... Wenn jemand nicht aus Wasser und Geist geboren wird, kann er nicht ins Reich Gottes hineinkommen. Was aus dem Menschen geboren wird, ist menschlich, was aus dem Geist geboren wird, ist Geist. Wundere dich nicht, dass ich dir gesagt habe: ‚Ihr müsst von Neuem geboren werden!'" (Johannes 3,3-7).

Paulus bestätigt diese Wahrheit im Brief an die Epheser: „*Auch ihr wart tot mit euren Übertretungen und Sünden, in denen ihr einst lebtet nach dem Lauf dieser Welt, nach dem mächtigen Obersten im Luftraum, dem Geist, der sich jetzt auswirkt in den Kindern des Ungehorsams. Unter diesen lebten auch wir alle einst in den Wünschen unserer menschlichen Natur, taten, was die menschliche Natur und die Bestrebungen wollen und* **waren von Natur aus Kinder des Zornes** *wie auch die anderen. Gott aber, der reich an Erbarmen ist, hat durch seine große Liebe, mit der er uns liebt, uns, die wir tot waren durch die Fehltritte, mit dem Messias lebendig gemacht ...* " (Epheser 2,1-5; Hervorhebung vom Autor).

Die einfachen Fakten sind folgende: Aufgrund der sündigen Natur Adams, unseres Vorfahren, wurden wir alle getrennt von Gott in diese Welt geboren. Schon bald begingen wir alle unsere eigenen, individuellen sündigen Taten und standen somit in beiden Fällen vor Gott als Angeklagte und Schuldige da. Aber wir müssen die Wahrheit verstehen. Wir sind nicht Sünder, weil wir sündige Taten begangen haben. Wir haben sündige Taten begangen, weil wir von Natur aus Sünder sind. Das wäre ein hoffnungsloser Zustand, hätte Gott uns unserem eigenen Schicksal überlassen. Alle von Menschen geschaffenen Religionen, Philosophien und Glaubenssysteme sind der Versuch des Menschen, zu Gott zurückzukehren oder, vielleicht genauer gesagt, der Lüge Satans im Garten zu folgen und „wie Götter zu werden". Die Wahrheit ist, dass wir uns nicht selbst retten können; wir brauchen einen Erlöser. Es gibt nur ein einziges Wesen im Universum, das in der Lage ist, unserem toten Geist neues Leben einzuhauchen: Jesus der Christus. Es gibt keinen anderen Namen, durch den der Mensch gerettet werden kann.[51] „*‚Der erste Mensch, Adam (der aus Erde gemacht war), wurde zu einem lebendigen Wesen.' Der letzte*

---

[51] Apostelgeschichte 4,12.

Adam [Jesus] (wurde) zu Geist, der lebendig macht."[52] Das Befolgen der richtigen Regeln, Rituale oder Traditionen kann unserem toten Geist kein Leben geben. Keine Philosophie kann uns wieder zum Leben erwecken. Weder Buddhismus, Hinduismus, Islam, New Age noch ein anderes Glaubenssystem hat die Macht, uns mit unserem Schöpfer zu versöhnen. Der Einzige, der das kann, ist derjenige, der gesagt hat: *„Der Geist ist, was lebendig macht, das Menschliche nützt nichts. Die Worte, die ich euch gesagt habe, sind Geist und sind Leben.*"[53] Nur er kann uns zu Gott zurückbringen, denn er, und nur er, ist der *„Vater der Geister".*[54] Jesus allein hat das Grab besiegt und besitzt die Schlüssel des Todes.[55] Es ist völlig aussichtslos, auf andere Weise zu Gott zurückkehren zu wollen. Wir sind tot. Die Toten können sich nicht selbst erheben. Jesus sagte: *„Ich bin der Weg und die Wahrheit und das Leben. Niemand kommt zum Vater, außer durch mich."*[56] Wir müssen aus dem Geist geboren werden!

Wie erlangt man dieses neue Leben? Die Heilige Schrift sagt uns ganz klar, dass das ewige Leben ein freies Geschenk Gottes ist, und dass wir es nicht aus Werken bekommen.[57] Wir müssen glauben, dass Jesus der Sohn Gottes ist, ihn als Herrn bekennen, glauben, dass Gott ihn von den Toten auferweckt hat, unsere Sünden bereuen und uns taufen lassen.[58] Unser Glaubensakt wendet dann das Werk Jesu am Kreuz auf unsere Herzen an, beseitigt die Schuld der Sünde, die auf uns lastete, und versiegelt uns mit dem Heiligen Geist der Verheißung.[59] Die Anwendung dieses Werkes am Kreuz geschieht in einem Augenblick. Wir werden aus dem Reich der Finsternis in das Reich des Lichts versetzt. Wir haben das Reich Gottes betreten. Wir sind aus dem Geist geboren!

---

[52] 1. Korinther 15,45, Kommentar hinzugefügt.
[53] Johannes 6,63.
[54] Hebräer 12,9 (ELB).
[55] Offenbarung 1,18.
[56] Johannes 14,6.
[57] Epheser 2,8-9.
[58] Römer 10,9, Apostelgeschichte 2,38.
[59] Kolosser 2,13-14; Epheser 1,13.

Fragen zum Weiterdenken

1. Was sind die drei Hauptbestandteile des Menschen?

2. Was ist der Körper des Menschen?

3. Was ist die Seele des Menschen?

4. Was ist der Geist des Menschen?

5. Welche(r) Teil(e) des Menschen werden ewig leben?

6. Was war die Lüge, von der im Garten Eden gesprochen wurde? Welchen Schaden hat sie angerichtet?

7. Nenne einige Beispiele für Beweise für einen „toten" Geist in unserem Wesen.

8. Wie können wir aus dem Geist „geboren" werden?

9. Welche Veränderung bringt das mit sich?

10. Warum kann das Heil in keinem außer in Jesus gefunden werden?

11. Warum kann kein anderes Glaubenssystem oder keine andere Religion den Menschen mit Gott versöhnen?

Kapitel 4

Im Geist getauft

Sobald wir die neue Geburt durch den Geist empfangen haben, sind wir Kinder Gottes und dazu bestimmt, die Ewigkeit mit ihm zu verbringen. Würden wir zu diesem Zeitpunkt sterben, würden unsere Seelen in die Gegenwart Gottes im Himmel geleitet werden. Aber die meisten von uns leben nach ihrer Bekehrung noch einige Zeit auf der Erde. Gott hat das absichtlich so geplant. Diejenigen, die im Geist lebendig sind, werden von ihm benutzt, um das Evangelium von Jesus unter den Verlorenen zu verbreiten. Sie bilden seine Gemeinde, den Leib Christi auf Erden. Gott hat verfügt, dass die Gemeinde die Autorität und die Macht des Namens seines einzigen Sohnes hat, um sein Werk auszuführen. Er hat bestimmt, dass jeder Gläubige in der Kraft seines Geistes lebt. Aber hier haben wir ein Problem. Wenn wir nur „aus dem Geist geboren" sind, sind wir nur Säuglinge. Im natürlichen Bereich sind neugeborene Babys schwach und fast machtlos; so ist es auch im geistlichen Bereich. Wir müssen wachsen, um die Pläne Gottes für unser Leben zu erfüllen. Wir müssen wachsen, um im Reich Gottes nützlich zu sein. Wir werden ermutigt: „ ... *und sehnt euch wie neugeborene Kinder nach der unverfälschten Milch des Wortes, damit ihr durch sie wachst auf die Rettung hin.* "[60]

Wie können wir wachsen? Wie bekommen wir die Kraft, den Willen Gottes zu erfüllen? Um diese Fragen zu beantworten, schauen wir uns drei Abschnitte über „die unverfälschte Milch des Wortes" an. Unmittelbar vor seiner Himmelfahrt wies der auferstandene Christus seine Jünger mit folgenden Worten an, wie sie bei Lukas aufgezeichnet sind:

---

[60] 1. Petrus 2,2.

Und ich sende auf euch, was mein Vater versprochen hat: Bleibt in der Stadt, bis ihr mit Kraft aus der Höhe bekleidet werdet.[61]

Die Parallelstelle in Apostelgeschichte 1,4-8 lautet so:

Er hielt sie zusammen und befahl ihnen, Jerusalem nicht zu verlassen, sondern auf das vom Vater Versprochene zu warten: „(Es wird das sein,) was ihr von mir gehört habt: ,Johannes hat mit Wasser untergetaucht, ihr aber werdet im Heiligen Geist untergetaucht werden', nicht viele Tage nach diesem" ... „Aber ihr werdet Kraft empfangen, indem der Heilige Geist auf euch kommt, und werdet meine Zeugen sein in Jerusalem, in ganz Judäa und Samaria und bis ans Ende der Erde."

Der dritte Abschnitt stammt aus Johannes 1,11-12 (LUT):

Er kam in sein Eigentum; und die Seinen nahmen ihn nicht auf. Wie viele ihn aber aufnahmen, denen gab er Macht, Gottes Kinder zu werden: denen, die an seinen Namen glauben.

Fällt dir die eine Gemeinsamkeit in diesen Abschnitten auf? Kraft bzw. Macht! „ ... *mit Kraft aus der Höhe bekleidet* ... ", „ ... *Kraft empfangen* ... ", „ ... *Macht, Gottes Kinder zu werden* ... " Das ist es, wovon wir reden!

Stell dir vor, wie diese Worte auf die ersten Jünger gewirkt haben müssen. Diese Männer waren Jesus drei Jahre lang gefolgt. Sie hatten ihr Zuhause und ihre Familien verlassen, um mit ihm unterwegs zu sein. Sie hatten ihre Karrieren auf Eis gelegt. Sie hatten erlebt, wie Jesus viele Wunder vollbrachte: Er heilte Kranke, gab Blinden das Augenlicht zurück, ließ Tote auferstehen, beruhigte den Sturm, ging auf dem Wasser und trieb Dämonen aus. Sie waren sogar von Jesus mit der geistlichen Kraft gesalbt worden, viele ähnliche Wunder zu vollbringen.[62] Sie hatten gesehen, wie Jesus geschlagen, gekreuzigt und begraben wurde. Jetzt haben sie gesehen, wie dieser Jesus von den Toten auferstanden ist. Sie haben gesehen, wie die einst tödlichen Wunden an seinem verherrlichten Körper unschädlich gemacht wurden. Sie waren aus erster Hand Zeuge seines Sieges über den Tod.

---

[61] Lukas 24,49.
[62] Lukas 9,1-2; 10-17.

Vierzig Tage zuvor hatten sie die neue Geburt durch den Geist empfangen. Sie saßen vierzig Tage lang immer wieder zu Füßen dieses
verherrlichten, auferstandenen Christus und wurden von ihm über die
Wunder des Reiches Gottes unterwiesen.

Wenn ich an ihrer Stelle wäre, wüsste ich, dass ich mich bereit fühlen würde, zu gehen und zu tun, wozu Gott mich ruft. Ich wäre be-
geistert und bereit zu gehen! Was sollte ich sonst noch brauchen? Ich
würde mich fühlen, als hätte ich das Wissen (Jesus selbst war ja mein
Lehrer!), die Erfahrung (über drei Jahre mit Jesus und Augenzeuge
der Auferstehung!) und den Willen, alles zu tun, was mir aufgetragen
wurde. Würdest du dich nicht auch so fühlen? Ich stelle mir vor, dass
den Jüngern einige dieser Gedanken durch den Kopf gingen, als Jesus
sie anwies, in Jerusalem auf die Kraft des Heiligen Geistes zu warten.
Jesus wusste, dass die Jünger trotz ihrer Vorbereitung und der Stärke
ihres eigenen Willens scheitern würden, wenn sie versuchen würden,
dieses neue Leben aus eigener Kraft zu leben. Es ist einfach nicht zu
schaffen. Es ist keine Frage der Willensstärke oder des Wunsches.
Der Punkt ist nicht, dass man im Fleisch zu schwach ist. Es geht darum, im Geist stark genug zu sein. Die Jünger saßen buchstäblich
zwischen Ostern und Pfingsten fest. Sie blieben dort aber nur ein paar
Tage lang. Leider verbringen heute viele Christen fast ihr ganzes Leben zwischen Ostern und Pfingsten!

Jesus versprach ihnen Kraft, nachdem sie die Taufe im Heiligen
Geist empfangen hatten. Was war der Zweck dieser Kraft, die sie er-
halten sollten? Diese Kraft befähigte sie, Zeugen für Jesus zu sein,
Zeugen für die Tatsachen, dass Jesus tatsächlich der eingeborene
Sohn Gottes war, dass er gestorben, begraben und auferstanden war
und dass er zur Rechten des Vaters in den Himmel aufgefahren ist.
„ ... [Ihr] werdet meine Zeugen sein ... “ Lange Zeit habe ich diese
Stelle etwa so interpretiert: „... ihr sollt hinausgehen und für mich
Zeugnis ablegen ...“, aber das ist nicht das, was sie sagt. Es heißt,
dass wir *Zeugen sein* werden, wenn der Heilige Geist auf uns gekommen ist. Die Betonung liegt nicht so sehr darauf, was wir anderen
sagen werden, sondern darauf, wer wir sein werden. Mit anderen
Worten: Wenn wir die Kraft des Heiligen Geistes empfangen haben,
wird unser Leben so verändert, dass wir allein durch die Art und Weise, wie wir unser Leben führen, Zeugen des Evangeliums Christi sein
werden. Wir sind dann neue, veränderte Geschöpfe, die anders sind,

als wir zuvor waren. Dieser Unterschied wird in unseren Familien, an unserem Arbeitsplatz, in der Schule und überall sonst, wo wir zu Gange sind, sichtbar sein. Paulus sagte den geisterfüllten Gläubigen in Korinth: „ *... (Es ist) sichtbar geworden, dass ihr ein Brief des Messias seid, von uns überbracht, nicht mit Tinte aufgeschrieben, sondern mit Geist eines lebendigen Gottes, nicht auf Tafeln aus Stein, sondern auf Tafeln menschlicher Herzen.* "[63] Eines meiner Lieblingszitate bezieht sich auf diese Wahrheit und stammt vom Heiligen Franz von Assisi: „Predige das Wort zu jeder Zeit; wenn nötig, benutze Worte."[64]

Diese einfache Wahrheit des Evangeliums zu verstehen und zu akzeptieren, ist unglaublich befreiend. Unsere Annahme durch Gott und unsere Effektivität in seinem Reich beruhen nicht mehr auf unseren eigenen Fähigkeiten. Diese Erkenntnis platziert die Kraft und Verantwortung dorthin, wo sie rechtmäßig hingehört: in die Kraft Gottes selbst. Das bedeutet nicht, dass wir unsere Pflicht vernachlässigen können. Wir können keine faulen, undisziplinierten Gläubigen sein und trotzdem unsere Berufung erfüllen. Wir können jedoch zuversichtlich darauf vertrauen, dass Gott uns befähigt, alles zu tun, wozu er uns aufruft. Unsere Wirksamkeit in seinem Reich wird nicht durch unsere persönlichen Schwächen und Begrenzungen bestimmt, sondern durch den Grad unserer Abhängigkeit von ihm. Je abhängiger wir von Gott sind, desto effektiver werden wir sein und desto stärker werden wir im Geist sein. Die Sprüche lehren uns: „ *Vertraue auf den HERRN mit deinem ganzen Herzen und stütze dich nicht auf deinen Verstand! Auf all deinen Wegen erkenne nur ihn, dann ebnet er selbst deine Pfade!* "[65] Diese Abhängigkeit von Gott schützt uns auch vor der häufigen Falle des Stolzes auf unsere eigene Geistlichkeit. Paulus betont, dass wir uns daran erinnern müssen, wem wir Ehre und Ruhm schulden: „ *Wir haben diesen Schatz aber in tönernen Gefäßen, damit die unvergleichliche Kraft von Gott ist und nicht von uns.* "[66]

---

[63] 2. Korinther 2,3.
[64] https://www.bibelpraxis.de/a1126.html
[65] Sprüche 3,5-6.
[66] 2. Korinther 4,7.

Was bedeutet es dann, im Heiligen Geist getauft zu sein? „Getauft sein" bedeutet „komplett eingetaucht zu werden".[67] Wenn wir mit dem Heiligen Geist getauft sind, beschränken wir den Heiligen Geist nicht länger auf unseren Geist. Wir nehmen ihn in unser ganzes Wesen auf – in alles, was wir sind – Geist, Seele und Körper. Wir wollen ihn nicht mehr nur in unserem innersten Heiligtum, sondern wir wünschen uns seine Gegenwart in jedem Aspekt unseres Lebens. Wir wünschen uns nicht nur die neue Geburt, die er uns schenkt, sondern wir erkennen auch, wie sehr wir seine allgegenwärtige Kraft und Führung brauchen. Wir geben uns nicht mehr damit zufrieden, dass unser Platz im Himmel gesichert ist, sondern wir wollen in das Ebenbild Jesu verwandelt werden. Wir haben einen Blick auf die Tiefe unserer Verderbtheit und auf die Herrlichkeit und Majestät unseres Herrn geworfen. Wir wollen Jesus nicht mehr nur als Erlöser, sondern wir wollen, dass er der Herr unseres Lebens ist! Wir beginnen, die Realität aus Johannes 7,38 zu leben: *„(Bei dem,) der an mich glaubt, wie die Schrift gesagt hat, werden Ströme lebendigen Wassers aus seinem Leib fließen."*

Im Geist getauft zu werden, bedeutet nicht, dass wir alles von ihm aufnehmen, sondern dass er alles von uns aufnimmt. Bei der Wassertaufe durch Untertauchen trinkst du nicht das ganze Wasser. Du könntest unmöglich das ganze Wasser in dich aufnehmen. Das Wasser enthält jedoch alles von dir, wenn du dich ganz in es hineinbegibst. So ist es auch bei der Geistestaufe. Du hast nicht den ganzen Geist in dir, aber du hast dich ihm vollständig hingegeben. Nur Jesus enthielt die ganze Fülle des Heiligen Geistes (s. Johannes 3,34; Kolosser 2,9). Du hast ihm im Wesentlichen die Erlaubnis gegeben, einen vorherrschenden und tiefgreifenden Einfluss auf alle deine Gedanken, Wünsche, Ziele und Handlungen auszuüben.

Die Taufe im Heiligen Geist führt nicht zu einer sofortigen Vollkommenheit deiner Seele. Dazu ist es notwendig, ein Leben lang im Geist zu wandeln, was wir im nächsten Kapitel besprechen werden. Die Geistestaufe macht deine Meinung nicht immer richtig oder deine Auslegung der Schrift unfehlbar. Sie bedeutet nicht, dass du jetzt besser bist als andere Christen, die Gott nicht auf diese Weise erfahren

---

[67] James Strong, L.L.D., S.T.D., *Strong's Exhaustive Concordance of the Bible* (Nashville, TN: Thomas Nelson, inkl. 1995), Griechisch #907, 16.

haben. Sie bedeutet nicht, dass du auf einer elitären Ebene der Spiritualität angekommen bist. Sie bedeutet lediglich, dass du jetzt die Kraft erhalten hast, durch die du zu geistlicher Reife gelangen kannst. In deinem Leben geht es nicht mehr darum, alle richtigen Rituale und Regeln zu befolgen, sondern darum, deinen himmlischen Vater zu ehren, der dich liebt und seinen einzigen Sohn für dich gegeben hat. Seine Liebe ist jetzt durch seinen Geist in dein Herz ausgegossen worden. Sein Geist bezeugt nun deinem Geist, dass du sein Kind bist[68] und du erhältst die Gewissheit deiner Erlösung, die deine Seele verwurzelt und gründet. Er pflanzt in dich eine Leidenschaft für Gottes Wort und ein starkes Verlangen nach Jesus ein. Du hast die Kraft erhalten, die es dir ermöglicht, deinen Sinn zu verwandeln und die Wünsche deines Herzens zu ändern. Du hast die Kraft erhalten, deine eigenen sündigen Neigungen zu überwinden. Du hast die *„Macht zu werden"* erhalten.

Wer tauft dich mit dem Heiligen Geist? Die Antwort finden wir bei Johannes dem Täufer, als er sagte: *„Ich tauche euch unter in Wasser zu einer Sinnesänderung. Der, der nach mir kommt, ist aber stärker als ich. Für den bin ich nicht genug, seine Sandalen wegzutragen. Er wird euch untertauchen in Heiligem Geist und Feuer."*[69] Er sprach natürlich von Jesus. Petrus bestätigte dies am Pfingsttag. Als er gefragt wurde, was geschah, als die vom Heiligen Geist erfüllten Gläubigen auf die Straßen Jerusalems strömten, antwortete Petrus: *„Diesen, Jesus, hat Gott auferweckt, wofür wir alle Zeugen sind. Er ist an die rechte Seite Gottes erhöht worden, hat vom Vater den versprochenen Heiligen Geist bekommen und hat diesen nun ausgegossen, was ihr auch seht und hört."*[70] Jesus, und nur Jesus, tauft seine Anhänger mit seinem Geist. Es ist biblisch und richtig, dass diejenigen, die eine geistliche Leitungsposition innehaben, den Gläubigen die Hände auflegen und dafür beten, dass sie mit dem Heiligen Geist erfüllt werden. Dieses Muster finden wir immer wieder in der Heiligen Schrift. Wir dürfen jedoch nie fälschlicherweise denken, dass die Kraft des Geistes von Mitmenschen verliehen wird. Die Verheißung des Vaters, der Heilige Geist, wird nur und direkt vom Sohn gegeben.

---

[68] S. Römer 5,5; 8,16.
[69] Matthäus 3,11.
[70] Apostelgeschichte 2,32-33.

Wie empfängst du den Heiligen Geist? Mit dieser Frage habe ich einige Zeit gerungen, nachdem ich erkannt hatte, wie sehr ich persönlich die Kraft des mir innewohnenden Heiligen Geistes brauche. Ich las jedes Buch, das ich über die Taufe im Heiligen Geist finden konnte. In vielen dieser Bücher stand, dass man als Vorbereitung auf den Empfang der Geistestaufe bestimmte Schritte oder Rituale befolgen müsse. Meistens brachten diese Bücher mehr Frustration als Frieden in meine Seele. Sie schienen zu implizieren, dass es schwierig sei, diese lebenswichtige Gabe zu empfangen. Diese Herangehensweise schien im Widerspruch zu der Erklärung von Petrus am Pfingsttag zu stehen, als er sagte: *„Für euch ist das Versprochene ja da, auch für eure Kinder und für alle, die in der Ferne sind, die der Herr, unser Gott, zu sich rufen wird."*[71] Dann begann ich die Einfachheit der Schrift in dieser Frage zu erkennen. Lukas 11,9-13 lehrt: *„Bittet, und es wird euch gegeben werden! Sucht, und ihr werdet finden! Klopft an, und es wird euch geöffnet werden! Denn jeder, der bittet, bekommt. Wer sucht, der findet. Und wer anklopft, dem wird geöffnet werden ... um wie viel mehr wird der Vater aus dem Himmel Heiligen Geist geben denen, die ihn bitten!"* Paulus schreibt in Galater 3,14: *„... damit wir durch den Glauben den versprochenen Geist bekommen."* So wie ich als kleiner Junge die Erlösung empfangen hatte, indem ich Jesus einfach in mein Herz bat und akzeptierte, was er für mich getan hatte, konnte ich auch den Heiligen Geist empfangen, indem ich einfach bat und glaubte. Wie einfach! Wie tiefgründig! So, wie Gott eben ist!

Außerdem weist uns die Heilige Schrift sogar an, wie wir um diesen Segen bitten können. *„Glücklich sind die, die hungern und dürsten nach der Gerechtigkeit, denn sie werden satt werden."*[72] *„Wenn jemand Durst hat, soll er zu mir kommen und trinken! (Bei dem,) der an mich glaubt, wie die Schrift gesagt hat, werden Ströme lebendigen Wassers aus seinem Leib fließen." – Das sagte er über den Geist, den die bekommen sollten, die an ihn glauben würden."*[73] Wer aufrichtig bittet und sucht, wird von Gott belohnt. So wie sich jemand, der am Verhungern ist, nach Nahrung sehnt oder jemand, der am Verdursten

---

[71] Apostelgeschichte 2,39.

[72] Matthäus 5,6.

[73] Johannes 7,37-39

ist, nach Wasser bettelt, so muss auch das Verlangen unseres Herzens nach dem Heiligen Geist sein. Wahres Verlangen wird aus verzweifelter Not geboren. Manchmal ist das beste Gebet für diejenigen, die diesen Weg des Lebens im Geist beginnen, einfach, Gott zu bitten, ihnen ihr großes Bedürfnis nach ihm bewusst zu machen. Es ist nicht schwer für jemanden, der hungrig ist, sich zum Essen hinzusetzen. Es ist nicht schwer für ein Kind, das sich auf dem Spielplatz das Knie aufgeschürft hat, den Trost seiner Mutter zu suchen. Aber bis sich das Bedürfnis bemerkbar macht, ist es viel einfacher, weiterzuspielen! Wenn du es aber leid bist, deinen Glauben nur als Spiel zu betrachten, wenn du es leid bist, dass dein Glaube dein Leben nicht verändern kann, wenn du dich auf dem Spielplatz des Lebens verletzt hast, dann ermutige ich dich, den Tröster deines himmlischen Vaters zu suchen.

Fragen zum Weiterdenken

1. Welche Haltung müssen wir einnehmen, um im Reich Gottes nützlich zu sein?

2. Warum wurden die Jünger angewiesen, in Jerusalem auf die Verheißung des Vaters zu warten?

3. Warum war dieser nächste Schritt für die Jünger so wichtig?

4. Wie können **wir selbst** „*Macht erhalten, Kinder Gottes zu werden*"? Warum ist das wichtig für uns?

5. Wodurch wird unsere Wirksamkeit in seinem Reich begrenzt?

6. Was bedeutet es, mit dem bzw. im Geist getauft zu werden?

7. Welche Wirkung hat diese Taufe auf uns?

8. Wer tauft uns im Heiligen Geist?

9. Wie empfangen wir diese Taufe?

10. Was ist ein sicheres Zeichen dafür, dass wir diese Taufe empfangen haben?

11. Einer der häufigsten Diskussionspunkte und Meinungsverschiedenheiten über die Taufe im Heiligen Geist betrifft die Gabe der Zungenrede. Manche Gläubige und manche Konfessionen halten die Zungenrede für ein notwendiges Zeichen dafür, dass jemand die Taufe im Heiligen Geist empfangen hat. Ich glaube nicht,

dass diese Einstellung mit der Heiligen Schrift vereinbar ist. Obwohl diese Gabe in der Heiligen Schrift oft mit dem Empfang des Geistes in Verbindung gebracht wird und eine wichtige geistliche Gabe ist, wird sie nie als notwendiges äußeres Zeichen der inneren Veränderung dargestellt. Darauf zu bestehen, dass eine Person diese Gabe als Beweis für die Geistestaufe zum Ausdruck bringen muss, scheint der Zungenrede eine Bedeutung zu geben, die Gott nie beabsichtigt hat, und spaltet die Gläubigen unnötigerweise. Zu welchem Schluss kommst du nach dem Studium der folgenden Bibelstellen?

- Apostelgeschichte 2,1-4
- Apostelgeschichte 4,8
- Apostelgeschichte 6,1-6
- Apostelgeschichte 8,14-17
- Apostelgeschichte 10,44-46
- Apostelgeschichte 19,1-7
- 1. Korinther 12,4-6.28-30
- 1. Korinther 14,1-5

Kapitel 5

Leben im Geist

Es sollte inzwischen klar sein, dass es beim Leben im Heiligen Geist nicht darum geht, bestimmte Stufen oder Schritte zu durchlaufen, die man als 1, 2 und 3 oder A, B und C bezeichnen könnte. Es geht nicht um die „Habenden" und die „Nichthabenden" des christlichen Glaubens. Ich spreche von einer Beziehung zwischen uns als individuellen Nachfolgern von Jesus Christus und seinem Geist, der in uns wohnt. Dies ist eine sich ständig vertiefende Beziehung, die mit der Bekehrung beginnt und deren Tiefen diesseits des Himmels nie vollständig erforscht werden können.

Die Heilige Schrift lehrt, dass das Erfülltsein mit dem Geist keine einmalige Erfahrung ist, sondern ein andauernder Zustand des Erfülltseins. *„Betrinkt euch auch nicht mit Wein ... lasst euch vielmehr füllen im Geist ..."*[74] bedeutet, ständig unter dem Einfluss des Heiligen Geistes zu stehen. Man kann das mit einem Segelboot auf dem Meer vergleichen. Das Boot kann zu Wasser gelassen und das Segel gehisst werden. Der Wind kommt und füllt das Segel. Das Boot beginnt sich zu bewegen. Solange das Segel so gestellt ist, dass es den Wind einfängt, gewinnt das Boot weiter an Fahrt und bewegt sich stetig auf seinem gewählten Kurs. Wird das Segel jedoch gelockert und nicht mehr in den Wind gedreht, wird das Boot langsamer und hört schließlich auf zu fahren.

Die neue Geburt könnte man mit dem Zu-Wasser-Lassen des Bootes vergleichen und die Geistestaufe mit dem Hissen des Segels, um den ersten Windstoß zu erwischen, der uns in Bewegung bringt.

---

[74] Epheser 5,18.

Wenn wir jedoch nicht weiter vom Wind des Geistes „erfüllt" werden, verlieren wir bald jeglichen Schwung. Wenn unsere Segel schlaff herabhängen sind, sind wir nicht mehr erfüllt. Die Tatsache, dass wir einmal erfüllt waren, reicht nicht aus, um unsere aktuellen Bedürfnisse zu erfüllen. Ohne den ständigen Antrieb des Windes werden wir langsamer und kommen vom Kurs ab. Diese ständige Erfüllung mit dem Geist wird in der Bibel sowohl als *Wandel bzw. Leben im Geist* als auch als *Führung durch den Geist* bezeichnet. *„Lebt mit dem Geist! Dann werdet ihr die Gier der menschlichen Natur nicht erfüllen ... Wenn ihr euch aber vom Geist führen lasst, seid ihr nicht unter dem Gesetz.* [75]

Im Geist zu wandeln, bedeutet, jeden Tag in einer innigen, lebendigen Beziehung zu deinem himmlischen Vater durch die Kraft und Gegenwart des Heiligen Geistes zu leben, die Realität des Neuen Bundes in Christus zu praktizieren und den Geist als deinen Helfer, Ratgeber, Lehrer und Freund zu kennen und sich auf ihn zu verlassen. Es bedeutet, von diesem Geist in den Dienst seiner Gaben geführt zu werden: Lehre, Gebet, Barmherzigkeit, Heilung, Unterscheidungsvermögen und vieles mehr. Sei dir bewusst, dass der Geist nicht beabsichtigt, uns alle zu Predigern zu machen, aber er beabsichtigt, aus allen von uns echte Jünger (Nachfolger) Christi zu machen. Er braucht normale Menschen in den Haushalten und am Arbeitsplatz, die in allen Lebensbereichen Zeugnis ablegen.

Die Briefe des Neuen Testaments befassen sich hauptsächlich mit diesem Aspekt des christlichen Lebens. Nach der Apostelgeschichte wird wenig über die anfängliche Errettung oder Rechtfertigung geschrieben. Auch über die anfängliche Taufe mit dem Heiligen Geist wird nicht viel gesagt. Warum eigentlich? Weil sich die Autoren an wiedergeborene, geisterfüllte Gläubige wandten. Praktisch jeder in den Gemeinden, an die diese Briefe gerichtet waren, war bereits „gerettet" und „erfüllt", denn das war die Norm, das wurde erwartet. Die frühe Gemeinde hätte niemals zugelassen, dass jemand zum Glauben an Jesus kommt, ohne ihn darüber zu belehren, dass er die Kraft des Heiligen Geistes empfangen muss! Die meisten Anweisungen der Schreiber des Neuen Testaments bezogen sich daher darauf, wie man täglich in dieser Beziehung lebt.

---

[75] Galater 5,16.18.

Es gibt drei Haupthindernisse, die uns daran hindern, das christliche Leben zu führen, zu dem wir berufen sind. Das sind die Sünde, Satan und das eigene Ich. Die Macht der Sünde über uns ist beseitigt, wenn wir in Christus sind. *„So auch ihr: Haltet euch dafür, dass ihr einerseits für die Sünde tot seid und andererseits für Gott lebt im Messias Jesus. Die Sünde darf also nicht regieren in eurem sterblichen Leib, dass ihr seinen Trieben gehorcht! ... Keine Sünde kann mehr über euch herrschen. Ihr seid ja nicht unter dem Gesetz, sondern unter der Gnade.“*[76] *„Gott hat im Messias die Welt mit sich versöhnt, ihnen ihre Fehltritte nicht angerechnet ...“*[77] Unsere Sünden sind durch das stellvertretende Werk Christi am Kreuz vergeben worden und haben nicht mehr die Macht, uns von Gott zu trennen. Mit anderen Worten: Jesus hat meine Sünde ans Kreuz gebracht und den geforderten Preis bezahlt – den Tod eines perfekten Opfers, das bereitwillige Opfer des wertvollsten Lebens, das je auf diesem Planeten gelebt hat, für die gesamte Menschheit. Er hat für mich getan, was ich nicht für mich selbst tun konnte, wie dieser Abschnitt bestätigt: *„Auch euch, die ihr tot wart in den Fehltritten und der unbeschnittenen Art eurer menschlichen Natur, euch hat er lebendig gemacht mit ihm und hat uns alle Fehltritte vergeben. Den nach den Vorschriften gegen uns (existierenden) Schuldschein, der uns entgegenstand, hat er ausgetilgt, hat ihn aus der Mitte genommen und ans Kreuz genagelt.“*[78]

Satan wurde ebenfalls besiegt und hat keine Macht mehr, einen Gläubigen davon abzuhalten, ein vollständig vom Geist erfülltes Leben zu führen. Er ist zwar immer noch ein starker und ernst zu nehmender Gegner, aber derjenige, der in uns lebt, ist stärker: *„... der in euch ist größer als der in der Welt.“*[79] Um unseren Glauben zu stärken, lässt Gott zu, dass Satan uns anklagt und in Versuchung führt. Satan kann uns jedoch nicht von der Sicherheit und der Liebe Gottes trennen. Satan kann uns nicht zwingen, etwas zu tun. Er kann uns nur in Versuchung führen und verlocken. Jesus hat Satan am Kreuz und durch seinen Sieg über den Tod ganz offen besiegt. *„Die Herrschergewalten und die Mächte hat er ganz ausgezogen, in der Öffentlichkeit*

---

[76] Römer 6,11-14.

[77] 2. Korinther 5,19.

[78] Kolosser 2,13-14.

[79] 1. Johannes 4,4.

bloßgestellt und sie im Siegeszug mit sich geführt."[80] Durch den einfachen Akt des Glaubens steht dieser Sieg über Sünde und Satan dem Leben eines Gläubigen zum Zeitpunkt der Bekehrung sofort zur Verfügung. Die Vollendung dieses Sieges hängt ganz von dem vollkommenen und vollendeten Werk Christi ab.

Was ist mit dem dritten Feind eines geisterfüllten Lebens: dem Ego? Jesus besiegte auch das Fleisch bzw. die alte selbstsüchtige Natur am Kreuz. Als vollständiger und vollkommener Vertreter der Menschheit gab er seinen Leib und seine Seele als Opfer für die Sünde hin.[81] Er übergab seinen Geist seinem himmlischen Vater.[82] Dieses Werk des Kreuzes wird manchmal auch als „Mitkreuzigung" bezeichnet. So wie wir alle „in Adam" waren, als er sündigte, so waren wir alle „in Christus" am Kreuz. Wenn wir in seinen Tod hineingetauft werden, töten wir den alten Menschen, die alte sündige und gefallene Natur: *„Das wissen wir, dass unser alter Mensch mit hingerichtet wurde am Kreuz, damit der Mensch der Sünde abgeschafft wird, sodass wir nicht mehr der Sünde als Sklaven dienen."*[83] Paulus erklärte diese Wahrheit mit den Worten: *„Mit dem Messias bin ich hingerichtet am Kreuz, und ich lebe nicht mehr, der Messias lebt in mir. Was ich jetzt lebe im menschlichen Körper, das lebe ich im Glauben an den Sohn Gottes, der mich geliebt und sich für mich ausgeliefert hat."*[84] Diese und andere Stellen sagen uns, dass das alte Selbst nicht die Macht hat, uns davon abzuhalten, im Geist zu wandeln. Der Sieg über die sündige Natur wurde von Jesus auf Golgatha errungen.

Das klingt alles schön und gut, und ich glaube fest daran, dass es wahr ist. Aber wenn du schon länger als ein paar Minuten ein geisterfüllter Christ bist, weißt du, dass der Kampf zwischen der alten und der neuen Natur mit dem Kommen des Heiligen Geistes nicht verschwindet. Der Kampf wird sogar noch intensiver, je mehr du versuchst, im Geist zu leben. Deine alte Natur, deine egozentrische Seele, hatte die Kontrolle über dein Leben, bis du den Heiligen Geist

---

[80] Kolosser 2,15.
[81] Jesaja 53,5, 10, 12.
[82] Lukas 23,45.
[83] Römer 6,6.
[84] Galater 2,19-20.

empfangen hast, und sie gibt die Kontrolle nicht so leicht ab. Galater 5,16-25 beschreibt diesen Kampf sehr gut: *„Ich sage: Lebt mit dem Geist! Dann werdet ihr die Gier der menschlichen Natur nicht erfüllen. Das Begehren der menschlichen Natur (geht) ja gegen den Geist, das (Begehren) des Geistes aber gegen die menschliche Natur. Diese (zwei) stehen einander entgegen, sodass ihr (das Gute), das ihr (eigentlich) wollt, nicht zustande bringt. Wenn ihr euch aber vom Geist führen lasst, seid ihr nicht unter dem Gesetz. Die Werke der menschlichen Natur sind aber sichtbar – es sind: Unzucht, Unreinheit, Hemmungslosigkeit, Götterverehrung, okkulte Praktiken, Feindschaften, Streitigkeiten, Eifersucht, Wutausbrüche, Konkurrenzdenken, Trennungen, Richtungen, Neid, Saufereien, Ausartungen und was diesen Dingen gleich ist. Von denen sage ich euch voraus, was ich vorausgesagt habe: Die, die solche Dinge tun, werden das Reich Gottes nicht erben. Die Frucht des Geistes aber ist Liebe: Freude, Friede, Geduld, Freundlichkeit, Güte, Treue, Sanftheit, Verzicht. Zu den derartigen Dingen gibt es kein Gesetz. Die aber, die dem Messias Jesus gehören, haben die menschliche Natur hingerichtet am Kreuz mit den Leidenschaften und den Trieben. Wenn wir mit dem Geist leben, wollen wir uns auch nach dem Geist richten!"*

Auch wenn die Macht der alten Natur besiegt wurde und uns nicht davon abhalten kann, im Geist zu wandeln, müssen wir uns täglich dafür entscheiden, im Geist zu wandeln, um über das Fleisch zu siegen. Es ist der tägliche Akt der Entscheidung, die tägliche Unterordnung deines Willens unter Gottes Willen, was den Sieg über das Selbst bringt. Jesus sagte uns: *„Wenn jemand mir nachgehen will, muss er sich selbst verleugnen, täglich seinen Kreuzesbalken tragen und mir folgen."*[85] Das Kreuz, das Jesus uns aufträgt, ist keine Last, die wir tragen müssen, sondern ein Ort, an dem wir uns selbst sterben. Es dauert ein Leben lang, bis wir uns dieses Werk am Kreuz zu eigen gemacht haben. Eine andere Möglichkeit, dies zu betrachten, ist einfach, dass Gott uns den Heiligen Geist schickt, um uns die Kraft zu geben, „Nein" zu uns selbst zu sagen!

Jeden Tag haben wir viele Male die Gelegenheit, uns mit diesem Feind des Selbst auseinanderzusetzen. Jedes Mal, wenn wir in Versuchung geraten zu tratschen, zu betrügen oder zu lügen, werden wir

---

[85] Lukas 9,23.

auf die Probe gestellt. Jedes Mal, wenn wir die Chance haben, jemandem Gutes zu tun, ohne eine Gegenleistung zu erwarten, haben wir die Möglichkeit, unsere egoistische Natur zu besiegen. Jedes Mal, wenn wir jemandem, der uns Unrecht getan hat, gnädig vergeben, sind wir über die alte Natur siegreich. Jede Chance zu sündigen, beinhaltet eine gleiche Chance zu gewinnen! Wenn wir uns entscheiden, bei jeder Gelegenheit „im Geist zu wandeln", weigern wir uns, die „Begierden des Fleisches" zu erfüllen.

Die Heilige Schrift hilft uns, diesen Kampf zwischen der alten und der neuen Natur besser zu verstehen. *„Es gibt jetzt also keine Verurteilung für die im Messias Jesus. Das Gesetz des Geistes des Lebens im Messias Jesus hat dich frei gemacht vom Gesetz der Sünde und des Todes. Was dem Gesetz unmöglich war, worin es schwach war wegen der menschlichen Natur, (dafür) sandte Gott seinen Sohn in einem Abbild des sündigen menschlichen Körpers, (gab ihn) als Opfer für Sünde und vollstreckte so das Urteil über die Sünde am menschlichen Körper. Damit (kann) der Grundsatz des Gesetzes verwirklicht werden in uns, die nicht nach der menschlichen Natur leben, sondern nach dem Geist ... Also, Geschwister, sind wir nun keine Schuldner der menschlichen Natur, um nach der menschlichen Natur leben zu (müssen). Wenn ihr nach der menschlichen Natur lebt, werdet ihr ja sterben. Wenn ihr aber mit dem Geist die Praktiken des Leibes tötet, werdet ihr leben."*[86]

Beachte, dass diese Verheißung der „Nicht-Verurteilung" denjenigen gegeben wird, die im Geist „wandeln" – nicht denjenigen, die nur aus dem Geist „geboren" sind, und nicht einmal denen, die im Geist „getauft" sind. Wenn wir uns als geisterfüllte Gläubige dafür entscheiden, den Neigungen der alten Natur zu folgen, „leben" wir nicht im Geist und kommen selbst unter Verdammnis. Wir verlieren die Intimität mit Gott. Wir werden rebellisch und verbittert. Wir leiden unter der schweren Hand der Verurteilung. Wenn wir uns jedoch entscheiden, unsere Rechte aufzugeben, wenn wir nicht mehr auf unseren eigenen Weg bestehen und stattdessen die Dinge Gottes anstreben, leben wir an diesem wunderbaren Ort der „Nicht-Verurteilung" und haben Anteil an der Gerechtigkeit, dem Frieden und der Freude des Heiligen Geistes.

---

[86] Römer 8,1-4.12-13.

Im Neuen Testament werden die Gläubigen in zwei Kategorien eingeteilt: fleischlich und geistlich. „Fleischlich" ist kein Wort, das wir heutzutage häufig bei einer Unterhaltung verwenden, aber es bedeutet einfach „natürlich" oder „weltlich". Beachte, dass damit nicht zwischen Gläubigen und Nicht-Gläubigen unterschieden wird. Sowohl bei den als fleischlich als auch bei den als geistlich Bezeichneten handelt es sich um wiedergeborene Nachfolger Jesu. Paulus schrieb an die Gemeinde in Korinth: *„Und ich, Geschwister, konnte nicht mit euch sprechen wie mit geistlichen Menschen, sondern (musste sprechen) wie mit menschlich Denkenden, wie mit kleinen Kindern im Messias. Milch gab ich euch zu trinken, nichts zu essen, ihr konntet es ja noch nicht (vertragen). Aber auch jetzt könnt ihr es noch nicht, ihr seid nämlich noch immer im menschlichen Denken. Denn wo Eifersucht und Streit unter euch sind, seid ihr da nicht im menschlichen Denken und verhaltet euch nach menschlicher Art?"*[87]

Bedenke, dass Paulus an die *Gemeinde* in Korinth schreibt und nicht an einen heidnischen Verein! Diese Menschen sind aus dem Geist geboren, im Geist getauft und haben die Gaben des Geistes. Warum werden sie als „fleischliche" Gläubige bezeichnet? Paulus weiß, dass sie immer noch nach ihrer alten Natur leben, weil sie untereinander streiten und zanken; jeder von ihnen fordert seinen eigenen Weg und ist davon überzeugt, dass sein Verständnis des Evangeliums das einzig richtige ist.[88] Man kann erwarten, dass neue Christen zu Beginn ihres neuen Glaubenslebens die meiste Zeit „fleischlich" sein werden. Man sollte aber nicht erwarten, dass sie lange Zeit so bleiben.

Der Heilige Geist gibt uns täglich die Möglichkeit, uns selbst zu sterben und Gott zu leben, d. h. unseren Willen dem seinen unterzuordnen. Jedes Mal, wenn wir uns weise entscheiden, „wandeln wir im Geist". Jedes Mal, wenn wir auf unserem eigenen Weg beharren, „wandeln wir im Fleisch". Die Wahrheit ist, dass wir alle, die wir vom Geist erfüllt sind, manchmal im Fleisch und manchmal im Geist wandeln. Im Laufe der Zeit sollten wir die Gelegenheiten nutzen, die der Geist uns bietet, um zu wachsen und allmählich mehr im Geist und weniger im Fleisch zu leben. (Hier habe ich eine große Offenbarung

---

[87] 1. Korinther 3,1-3.
[88] 1. Korinther 1,10-13; 3,4-5; 4,6-7; 5,1-2; 6,1.

für dich: Diese Gelegenheiten zum Wachstum kommen getarnt als das „Leben", das jeden Tag passiert, mit all den Problemen, Unfällen, Konflikten, unausstehlichen Menschen, gemeinen Chefs usw.)

Wenn wir im Geist wandeln, sind wir „geistlich". Wenn wir im Fleisch wandeln, sind wir „fleischlich". Watchman Nee drückt es so aus: „Die Bibel erwartet nicht, dass neue Christen sofort geistlich werden; wenn sie aber nach vielen Jahren immer noch wie Säuglinge sind, ist ihre Situation in der Tat sehr bedauernswert."[89] Er lehrt weiter, dass „es als sehr abnormal angesehen werden sollte, wenn ein wiedergeborener Christ lange im Fleisch bleibt, die Macht der Sünde nicht unterdrückt und ein Leben mit Höhen und Tiefen führt. Ein Gläubiger sollte dem Heiligen Geist erlauben, sein Herz zu untersuchen und ihn darüber aufzuklären, was durch das Gesetz des Heiligen Geistes und das Gesetz der Natur verboten ist, was ihn daran hindert, Mäßigung und Selbstbeherrschung zu erlangen, und was ihn beherrscht und ihn der Freiheit in seinem Geist beraubt, Gott freiwillig zu dienen. Wenn diese Sünden nicht beseitigt werden, kann er nicht tief in das geistliche Leben eintreten."[90]

Das Ganze hat natürlich einen Haken. Wir haben nicht die Kraft, es zu tun! Wir können uns nicht aus eigener Kraft verleugnen. Vielleicht gelingt es uns, eine egoistische Festung oder Gewohnheit zu besiegen, nur um sie durch eine andere zu ersetzen. Deshalb brauchen wir die innewohnende Kraft des Heiligen Geistes. Er gibt uns die Kraft, „Nein!" zu uns selbst zu sagen und diesen Teil von uns dann mit göttlichen Eigenschaften zu füllen. Sobald wir diese Entscheidung getroffen haben, müssen wir uns voll und ganz darauf verlassen, dass die Barmherzigkeit und die Kraft Gottes in uns das vollbringen, was wir gerade zu tun beschlossen haben. Vergiss nicht: Je mehr wir von Gott abhängig sind, desto stärker sind wir im Geist und desto effektiver sind wir in seinem Reich. *„Dem, der alles im Überfluss tun kann, über alles hinaus, was wir bitten oder verstehen, entsprechend der Kraft, die sich in uns auswirkt, dem gehört die Ehre in der Gemeinde und im Messias Jesus für alle Generationen von Ewigkeit zu Ewigkeit! Amen."[91]*

---

[89] Übersetzt aus: Watchman Nee, *The Spiritual Man*, Bd. 1, S. 85.
[90] Ebd, S. 89.
[91] Epheser 3,20-21.

Den Prozess der geistlichen Reife zu verstehen, ermöglicht es uns, Prüfungen und Versuchungen auf eine ganz neue Weise zu betrachten. Die Bibel lehrt uns: *„Haltet es für lauter Freude, meine Geschwister, wenn ihr in die verschiedensten Prüfungen geratet ... "*[92] Lange Zeit konnte ich zwar verstehen, dass man sich *trotz* Anfechtungen freuen kann, aber es fiel mir sehr schwer zu verstehen, wie man sich *wegen* Anfechtungen freuen kann. Jetzt verstehe ich es. Wenn ich versucht bin, meiner alten Natur nachzugeben, sei es Lust, Gier, Zorn, Unversöhnlichkeit, selbstsüchtiger Ehrgeiz oder was auch immer, ist das Gottes Art, einen großen Scheinwerfer auf die dunklen Ecken meiner Seele zu richten und die Stärke der alten Natur, die immer noch vorhanden ist, zu enthüllen. Hätte diese Tendenz nicht noch immer Einfluss in mir, würde ich nicht mehr auf diese Weise versucht werden. Wenn es der Wunsch meines Herzens ist, in das Bild Christi verwandelt zu werden, dann kann ich mich mit frohem Herzen über die Offenbarung freuen! Mein Herz kann freudig ausrufen: „Danke, Gott, dass du die Kraft der Sünde, die noch in mir ist, aufgedeckt hast. Ich habe mich entschieden, dem alten Weg nicht nachzugeben. Bitte, Gott, ehre mich und segne mich mit der Kraft deines Trösters und meines Beistands und befähige mich, über diese Versuchung zu siegen!" Ich nehme die Worte von Paulus in Anspruch: *„Freut euch immer im Herrn! Noch einmal will ich sagen: Freut euch!"*[93] .

Dieser Prozess des Wachsens und Wandelns im Geist ist nur möglich, weil Gott uns ein neues Herz schenkt, wenn wir an Jesus glauben und ihn bekennen[94] (vgl. Hesekiel 36,25-27; s. Hebräer 10,15-16). Unser neues Herz ist nicht einfach unser altes Herz, dem vergeben und das gereinigt wurde. Vielmehr ist es unser altes Herz, dem vergeben, das gereinigt und *mit dem* Geist Christi *„verbunden"* wurde (s. 1. Korinther 6,17). Auf dieses neue Herz sind die Gebote, d. h. der Wille Gottes, durch den Heiligen Geist geschrieben. Mit anderen Worten: Das neue Herz, das wir bei der Errettung erhalten, *begehrt* den Willen Gottes zu tun. Aus unserem neuen Herzen, in dem der Heilige Geist wohnt, erhalten wir die Kraft, Versuchungen zu widerstehen. Wenn wir der Versuchung nachgeben, fühlen wir eine Überführung.

---

[92] Jakobus 1,2.
[93] Philipper 4,4.
[94] Hesekiel 36,25-27; Hebräer 10,15-16.

Als wir *vor* unserer Errettung sündigten, handelten wir einfach gemäß unserer Natur. Sündigen wir hingegen *nach* der Errettung, handeln wir *entgegen* unserer Natur in Christus. Der Heilige Geist überführt uns sofort von der Übertretung, und Gott führt uns aus seiner Güte heraus zur Umkehr (s. Römer 2,4). Wenn wir unsere Sünde bereuen, vergibt Gott und wir bewahren die Intimität mit unserem himmlischen Vater. Dies beschreibt den gesamten Prozess der Heiligung, durch den wir mehr und mehr in das Ebenbild Christi hineinwachsen. Unser neues Herz erfreut sich an diesem Prozess! Es ist nicht schwer, ihn zu ertragen, sondern eine Freude, ihn anzunehmen.

Wie kannst du wissen, ob du im Geist wandelst oder nicht? Wenn dein Leben mehr von Depression als von Freude geprägt ist, *wandelst* du nicht im Geist. Wenn deine Handlungen (und Reaktionen!) eher weltlich als rechtschaffen sind, bist du *nicht vom Geist erfüllt*. Wenn deine Wünsche und Ziele eher egozentrisch als auf das Wohl anderer ausgerichtet sind, *wandelst* du nicht täglich mit dem, der sein Leben für alle gegeben hat. Wenn du nicht täglich Zeit mit dem verbringst, den du als deinen Herrn bezeichnest, dann *lebst du eine Lüge*. Bitte den, der alles weiß, dir die Absichten und Wünsche deines eigenen Herzens zu offenbaren. *„Lebt mit dem Geist! Dann werdet ihr die Gier der menschlichen Natur nicht erfüllen"*[95]

---

[95] Galater 5,16.

Fragen zum Weiterdenken

1. Ist die Erfüllung mit dem Geist eine einmalige Erfahrung? Warum bzw. warum nicht?

2. Was bedeutet es, „im Geist zu wandeln"?

3. Was sind die drei größten Hindernisse für die Art von christlichem Leben, zu dem wir berufen sind?

4. Ist die Macht der Sünde über uns beseitigt worden? Wie?

5. Hat Satan die Macht, uns zu besiegen?

6. Wie können wir im Sieg über Sünde und Satan leben?

7. Was ist mit der Macht des Selbst? Kann diese auch besiegt werden? Wie?

8. Was müssen wir täglich tun, um im Geist zu wandeln?

9. Was sind die Konsequenzen, wenn du dich entscheidest, im Geist zu wandeln bzw. wenn du dich **dagegen** entscheidest?

10. Was ist mit einem „fleischlichen" Gläubigen gemeint?

11. Wie oft müssen wir uns „entscheiden", uns selbst zu sterben?

12. Wann werden wir als „geistliche" Gläubige betrachtet?

13. Haben wir die Kraft oder Stärke, täglich im Geist zu wandeln?

14. Wie können wir in Zeiten der Prüfung dies *„für lauter Freude halten"?*

15. Wie können wir wissen, ob wir wirklich im Geist wandeln?

Kapitel 6

Der Geist der Sohnschaft

Ich möchte das Konzept „Leben bzw. Wandel im Geist" noch aus einem anderen Blickwinkel betrachten, der betont, wie wichtig es ist, dass Gläubige geistlich reif werden. Der erste Segen des Neuen Bundes ist die Rechtfertigung, auch bekannt als Vergebung der Sünden und Versöhnung mit Gott. Der zweite Segen ist, wie bereits erwähnt, die Taufe mit dem Heiligen Geist, einschließlich des inneren Zeugnisses des Heiligen Geistes gegenüber unserem Geist, das uns die Gewissheit unserer Errettung gibt. Der höchste Segen des Neuen Bundes ist in der Bedeutung des „Geistes der Sohnschaft"[96] zu finden. J. I. Packer sagt in seinem klassischen Buch *Knowing God* (dt. „Gott erkennen"), dass die biblische Lehre von der Sohnschaft „das höchste Privileg ist, das das Evangelium bietet: höher noch als die Rechtfertigung."[97] Paulus sagte im Brief an die Gemeinde in Rom Folgendes: *„ Denn ihr habt nicht einen Geist der Knechtschaft empfangen, dass ihr euch wiederum fürchten müsstet, sondern ihr habt den Geist der Sohnschaft empfangen, in dem wir rufen: Abba, Vater!"*[98]

Die beste Erklärung dieser Wahrheit, die ich je gehört habe, stammt von Fuchsia Pickett[99] und geht ungefähr so: Die alte Praxis der Adoption im Nahen Osten war ganz anders als die heutige in der westlichen Welt. Heute finden wir vielleicht ein Kind, das keine Familie hat, und machen es auf dem Rechtsweg zu unserem eigenen

---

[96] In der englischen Bibel oft mit „Geist der Adoption" übersetzt.

[97] Übersetzt aus: J.I. Packer, *Knowing God,* S. 206.

[98] Römer 8,15 (SLT).

[99] Fuchsia Pickett, Kassettenband, unbenannt und undatiert.

Kind mit allen Rechten und Privilegien, die unsere leiblichen Kinder haben. Das ist keine schlechte Analogie zu dem, was Gott heute für uns tut, wenn er uns aus dem Reich Satans herausholt und uns einen neuen Namen mit allen Rechten und Privilegien seines Reiches gibt.

Im alten Nahen Osten bedeutete die Adoption jedoch etwas ganz anderes. Wenn ein Junge in eine Familie hineingeboren wurde, nannte sie ihn ihr Baby, ihr Kind oder ihren Jungen; später wurde er vielleicht sogar als ihr junger Mann bezeichnet. Aber es gab ein Wort, das nie benutzt wurde, um die Beziehung des Kindes zur Familie zu beschreiben: das Wort „Sohn". „Sohn" war ein besonderer Titel, der ihm erst zu gegebener Zeit verliehen werden sollte. Erst wenn das Kind erwachsen war, das Familienunternehmen kennengelernt hatte und bewiesen hatte, dass es in der Lage war, Verantwortung für das Unternehmen und den Familiennamen zu übernehmen, wurde ihm dieser Titel verliehen. Oft war das Kind schon im Teenageralter oder sogar in seinen Zwanzigern und hatte eine eigene Familie, bevor dieser Zeitpunkt kam. Der Zeitpunkt wurde vom Vater bestimmt. Wenn der Vater der Meinung war, dass der Junge nun würdig sei, lud er zu einer Feier, einem Fest für die Leute vor Ort ein. Der Vater freute sich, den jungen Mann den Leuten mit folgenden Worten vorzustellen: „Heute ist dieser Junge mein Sohn geworden. Er hat gelernt. Er ist gewachsen. Er ist verantwortungsbewusst. Er ist bereit. Ich bin stolz auf ihn." Die „Adoption", die stattgefunden hatte, wurde groß gefeiert. Der Vater hatte seinem Sohn nun alle Rechte, Privilegien, Autorität und Verantwortung übertragen.

Sieh dir an, wie klar dies mit der Heiligen Schrift übereinstimmt. Kurz vor seinem öffentlichen Wirken, bei seiner Taufe durch Johannes den Täufer, als Jesus zum ersten Mal offiziell dem Volk Israel vorgestellt wird, spricht der Vater vom Himmel: *„Du bist mein geliebter Sohn, an dir habe ich Gefallen."*[100] Jesaja hatte schon lange vorher prophezeit: *„Denn ein Kind ist uns geboren, ein Sohn uns gegeben, und die Herrschaft ruht auf seiner Schulter ..."*[101] Der erhabenste Name, der Jesus gegeben wurde, ist „Sohn Gottes". Der Autor des Hebräerbriefs erklärt dies sehr gut:

---

[100] Lukas 3,22.
[101] Jesaja 9,5a.

*Nachdem Gott vielseitig und vielfältig schon lange zu unseren Vor-
fahren gesprochen hat durch die Propheten, hat er auf die letzte
dieser Zeiten hin zu uns gesprochen durch den Sohn, den er zum
Erben aller Dinge eingesetzt hat, durch den er auch die Welten
gemacht hat, der Ausstrahlung seiner Herrlichkeit und Ausdruck
seines Wesens ist, der auch alle Dinge trägt mit seinem kraftvollen
Wort. Nachdem er die Reinigung der Sünden vollbracht hatte, setzte
er sich an die rechte Seite der Majestät in den Höhen und **wurde um
so viel mächtiger als die Engel, wie viel der Name, den er erbte,
auch weit höher ist als sie. Zu welchem der Engel hat (Gott) denn
jemals gesagt: „Mein Sohn bist du heute, ich habe dich geboren"?
Und noch einmal: „Ich will ihm Vater sein, und er soll mir Sohn
sein"?** (Hebräer 1,1-5; Hervorhebung vom Autor).*

Als Kind *„wuchs [Jesus] und wurde stark, mit Weisheit erfüllt, und
Gottes Gnade war auf ihm"*[102] Im Alter von dreißig[103] Jahren war er
bereit, seinen Dienst zu beginnen, und der Vater übertrug ihm volle
Autorität.[104] Die wunderbare Wahrheit ist, dass wir alle durch Jesus,
den eingeborenen Sohn, zu „Söhnen Gottes" werden können, zu Kindern Gottes, die in Weisheit und im Geist gewachsen und gereift sind
und denen Verantwortung und Autorität in seinem Reich anvertraut
werden kann. Die folgenden Bibelstellen machen das sehr deutlich.

*„Aber all denen, die ihn annahmen, gab er eine hohe Stellung:
Gottes Kinder zu sein"* (Johannes 1,12).

*„Als den, der „ein bisschen geringer gemacht war als Engel", se-
hen wir aber Jesus, der aufgrund des Todesleidens „mit Herrlichkeit und Ehre gekrönt" wurde, sobald er durch die Gnade Gottes
für jeden den Tod gekostet hatte. Es passte freilich zu (Gott), wegen dem alles ist und durch den alles ist, viele Söhne und Töchter
zur Herrlichkeit zu führen, indem er den Urheber ihrer Rettung
durch Leiden vollendete. Der, der heilig macht, und die, die heilig*

---

[102] Lukas 2,40.

[103] Warum das Alter von dreißig Jahren? Nach dem jüdischen Gesetz begannen
angehende Priester ihre formale Ausbildung im Alter von zwanzig Jahren, traten
ihren Dienst aber erst im Alter von dreißig Jahren an. Jesus war gehorsam gegenüber dem Gesetz und dem Brauch (vgl. 4. Mose 4).

[104] Johannes 5,22-27.

gemacht werden, (kommen) alle von einem. Aus diesem Grund schämt (der Sohn) sich nicht, sie „Geschwister" zu nennen" (Hebräer 2,9-11).

„Seht, was für eine Liebe uns der Vater gegeben hat, dass wir Kinder Gottes genannt werden – und wir sind es! Deshalb kennt uns die Welt nicht, weil sie ihn nicht erkannt hat. Geliebte, wir sind jetzt Kinder Gottes, auch wenn es noch nicht sichtbar geworden ist, was wir sein werden. Wir wissen aber, dass, wenn es sichtbar wird, wir ihm gleich sein werden, weil wir ihn sehen werden, wie er ist" (1. Johannes 3,1-2).

Die Heilige Schrift charakterisiert auch eindeutig diejenigen unter den Kindern Gottes, die zu „Söhnen Gottes" werden. In Römer 8,12-15 (SLT) heißt es:

*So sind wir also, ihr Brüder, dem Fleisch nicht verpflichtet, gemäß dem Fleisch zu leben! Denn wenn ihr gemäß dem Fleisch lebt, so müsst ihr sterben; wenn ihr aber durch den Geist die Taten des Leibes tötet, so werdet ihr leben. **Denn alle, die durch den Geist Gottes geleitet werden, die sind Söhne Gottes.** Denn ihr habt nicht einen Geist der Knechtschaft empfangen, dass ihr euch wiederum fürchten müsstet, sondern ihr habt den Geist der Sohnschaft empfangen, in dem wir rufen: Abba, Vater!*

Vergiss nicht, dass dieser Abschnitt an diejenigen geschrieben wurde, die bereits an Jesus glaubten. Wen bezeichnet Paulus als „Söhne Gottes" und damit als mit der Autorität und Verantwortung des Reiches Gottes betraut? Nicht einmal diejenigen, die lediglich „mit dem Geist getauft" waren. Sondern diejenigen, die gewachsen und gereift sind, die sich aus freien Stücken entschieden haben, den Dingen des Geistes nachzujagen, und sich weigern, der alten Natur nachzugeben, diejenigen, die vom Geist geleitet werden: Diese werden als „Söhne Gottes" bezeichnet. Auf sie bezieht sich der Autor des Hebräerbriefs, wenn er schreibt: *„Das feste Essen gehört Erwachsenen, die durch ihre Entwicklung eine geübte Wahrnehmung haben, um Gutes und Schlimmes zu unterscheiden."*[105] Diese Gläubigen sind nicht mehr „fleischlich", sondern „geistlich" geworden und haben Verantwortung

---

[105] Hebräer 5,14.

im Reich Gottes übernommen. *„Wenn ein Mensch bei irgendeinem Fehltritt überrascht wird, Geschwister, dann müsst* **ihr, die geistlichen Menschen,** *denjenigen wiederherstellen mit sanftem Geist! Und achte auf dich selbst, dass auch du nicht versucht wirst! Tragt einander die Lasten! So werdet ihr das Gesetz des Messias erfüllen."*[106]

Der Leib Christi braucht heute dringend Gläubige, die gereift sind und sich wirklich „vom Geist leiten lassen". Nur aus dieser Position heraus können wir den Willen Gottes klar erkennen und verstehen. Nur aus dieser Position heraus können wir in der Demut und dem Geist des Dienens wandeln, wie Christus es vorgelebt hat. Nur von dieser Position aus können wir unseren Mitgläubigen wirklich helfen, der Schlinge Satans zu entkommen. Die Herausforderung, vor der wir als geisterfüllte Gläubige stehen, besteht darin, zu wachsen und zu reifen, um verantwortungsvolle Söhne und Töchter im Reich Gottes zu werden. Keine Organisation funktioniert gut ohne verantwortungsvolle Führung – kein Unternehmen, keine Familie und schon gar nicht die Gemeinde. Die Leitung in der Gemeinde ist nicht auf die ordinierten Geistlichen beschränkt, sondern sollte auch geistlich reife Laien einbeziehen, die ihre geistlichen Gaben richtig ausüben. Die Reife, die für die geistliche Leitung erforderlich ist, entsteht nur durch die Unterordnung unter die Herrschaft Christi und einen täglichen und kontinuierlichen Wandel mit seinem Geist. Wir müssen heute den Ruf Gottes hören und die Fülle des Geistes der Sohnschaft empfangen!

---

[106] Galater 6,1-2 (Hervorhebung vom Autor).

Fragen zum Weiterdenken

1. Beschreibe die nahöstliche Praxis der Adoption im Altertum.

2. Wann wurde der Titel „Sohn" verliehen?

3. Welche Veränderung(en) hat diese Adoption im Leben des Sohnes bewirkt?

4. Inwiefern entspricht das unserem Leben in Christus?

5. Welche Bedeutung hat die Proklamation Gottes bei der Taufe Jesu?

6. Welche Bedeutung hat das für diejenigen, die Jesus nachfolgen?

7. Müssen wir uns heute „vom Geist leiten lassen"? Warum oder warum nicht?

8. Woher kommt die Reife für geistliche Leitung?

9. Warum braucht die Gemeinde die Leitung von „geistlichen" Gläubigen, die bereit sind, den „Geist der Sohnschaft" zu empfangen?

Kapitel 7

Voll sein

Seit den Tagen der Reformation gibt es in der Gemeinde Kontroversen über verschiedene Wirkungen (Manifestationen) des Heiligen Geistes. Einige haben versucht, die Forderung aufzustellen, als notwendige sichtbare Beweise für die Gegenwart des Heiligen Geistes müssten bestimmte Gaben oder Wunder auftreten. Ich verfüge weder über die Kenntnisse noch über die Fähigkeit, all diese Kontroversen aus der Welt zu schaffen. Aber eine Reihe von Wahrheiten, was die Merkmale einer Person angeht, die wirklich vom Geist erfüllt ist, werden in der Heiligen Schrift sehr klar genannt. Ich denke, es ist sehr hilfreich, sich auf diese zentralen Punkte zu konzentrieren. Dieser Fokus ermöglicht es uns, zu erkennen, welche Anzeichen für den Einfluss des Geistes Gott am wichtigsten sind.

Der erste und wichtigste Beweis dafür, dass jemand vom Heiligen Geist erfüllt ist, ist das Vorhandensein geistlicher Frucht im Leben eines Menschen. Jesus sagte: *„Gerade an ihren Früchten werdet ihr sie klar erkennen."*[107] So wie man die Identität eines Baumes an den Früchten erkennen kann, die er trägt, so wird das Herz eines Menschen an der geistlichen Frucht bzw. deren Fehlen in seinem Leben sichtbar. Wenn der Geist im Leben einer Person aktiv ist und seinen rechtmäßigen Platz in Herz und Verstand erhalten hat, wird er durch diese Person Frucht hervorbringen. Was ist die Frucht, die der Geist hervorbringt? Kurz gesagt, es ist der Charakter Gottes, die Persönlichkeit Christi. Paulus zählt diese Frucht des Geistes in Galater 5,22 auf: *„Die Frucht des Geistes aber ist Liebe: Freude, Friede, Geduld,*

---

[107] Matthäus 7,20.

Freundlichkeit, Güte, Treue, Sanftheit, Verzicht." Passenderweise beginnt diese Liste mit der Liebe. *„Gott ist Liebe. Und wer in der Liebe bleibt, bleibt in Gott, und Gott bleibt in ihm.*"[108]

Die eine Manifestation des Geistes, die in einem geisterfüllten Menschen immer gegenwärtig ist, ist die Liebe – die Liebe zu Gott, die Gewissheit der Liebe Gottes zu ihm und die Liebe zu den Menschen. Der Charakter Gottes kann ohne diese Art von Liebe nicht definiert werden, und sein Geist kann auch nicht über einen Menschen bestimmen, ohne diese Art von Frucht hervorzubringen. Die übrige Frucht des Geistes ist ebenso wichtig. Beachte, dass dies keine separaten „Früchte" sind, die sich unabhängig voneinander entwickeln. Sie sind alle Teile eines vereinten Ganzen, wie die Segmente einer Orange, und die Frucht ist unvollständig, wenn irgendwelche „Segmente" fehlen. Sie wachsen gemeinsam in uns, wenn der Geist uns verwandelt. Robertson McQuilken drückt es folgendermaßen aus: „Jesus wollte nie, dass wir ein paar kleine, verschrumpelte ‚Früchte' haben, gerade genug, um zu beweisen, dass wir leben und welche Art von ‚Baum' wir sind. Er verspricht eine reiche Ernte – eine Menge von Jesu Eigenschaften. Man könnte es eine ‚volle' Ernte nennen."[109] Jesus verspricht, dass wir, wenn wir in ihm bleiben, *„viel Frucht"* bringen werden und dass unsere Freude *„vollendet wird"*.[110]

Wie können wir sicher sein, dass die Frucht des Geistes in unserem Leben wächst? Das ist eine sehr wichtige Frage, da wir so gut darin sind, uns selbst zu täuschen, was den Grad unserer geistlichen Reife angeht. Einfach gesagt: Die meisten von uns denken, sie seien besser, als sie sind. Am anderen Ende des Spektrums gibt es Menschen, die nie etwas Positives oder Gutes an dem sehen können, was Gott in ihrem Leben tut. Beide Sichtweisen sind falsch und schädlich. Beide Extreme werden von Satan benutzt, um unser geistliches Wachstum und unsere Wirksamkeit im Reich Gottes zu behindern. Wie können wir also objektiv erkennen, ob wir echte geistliche Frucht bringen? Wir brauchen „Fruchtprüfer"! Auch hier verweise ich auf Robertson McQuilkin: „Es gibt eine todsichere Methode, um zu prüfen, wie deine Ernte aussieht. Hast du jemand, dem du Rechenschaft gibst? Vergiss

---

[108] 1. Johannes 4,16b.
[109] Robertson McQuilkin, *Leben im Geist*, S. 155.
[110] Johannes 15,5.8.11.

nicht, dass Christusähnlichkeit die eine Bedeutung von ‚voll' ist, die nur andere sicher erkennen können. Du brauchst einen Fruchtprüfer! Hier ist ein Plan, den du vielleicht befolgen willst: Zeige deinem Partner oder jemandem, dem du vertraust, dass er ehrlich ist, die drei Listen mit möglichen Früchten (Jesu Beschreibung der Frucht, die Liste von Paulus sowie die Titel, die dem Geist gegeben wurden) und bitte um eine Bewertung: ‚Ist mein Leben erkennbar voll von einer dieser Eigenschaften? Gibt es andere, nach denen man suchen muss, um sie zu finden?'"[111]

Das Wirken der Geistesgaben in deinem Leben ist ein weiteres Anzeichen dafür, dass du mit dem Geist erfüllt bist. Wir werden die Gaben des Geistes in Kapitel 9 besprechen. Doch zunächst möchte ich ein paar allgemeine Anmerkungen machen. Im Neuen Testament werden über zwanzig Gaben des Geistes aufgeführt. Diese Gaben decken alle Bereiche des Dienstes ab, von der Gemeindeorganisation über evangelistische und soziale Dienste bis hin zu Predigt, Lehre, Heilung und Befreiung. Die einfache Tatsache ist folgende: Wenn du voll des Geistes bist, wird er in dir durch einige dieser Gaben wirken. Er wird nur dann nicht mit geistlichen Gaben in dir wirken, wenn du dich weigerst, dass er dies tut!

Die Manifestation von Gaben im Leben eines geisterfüllten Gläubigen kommt automatisch. Sie gehören einfach dazu. Die Gaben sind kein außergewöhnlicher Segen für einige wenige, sondern notwendige Werkzeuge, um den Willen Gottes zu erfüllen. Es gibt keine Ausnahmen. Niemand wird ausgelassen. Gott wird dich gebrauchen, wenn du dich zur Verfügung stellst, um gebraucht zu werden. Komm nicht auf die Idee, die Gaben seien nur für Gemeindeveranstaltungen und Sonntage gedacht. Sie sollen uns befähigen, unser Alltagsleben in der Kraft des Geistes zu führen. Sie sollen uns dazu bevollmächtigen, „Zeugen zu sein". Einige der wundervollsten Manifestationen der Gaben des Geistes habe ich im Alltag erlebt, wenn ich die Gelegenheit hatte, mit Menschen über Jesus zu reden oder mit ihnen zu beten. Dass der Geist auf übernatürliche[112] Weise durch dich wirkt, kannst du daran erkennen, dass die Ergebnisse übernatürlich sind: Die Ergebnisse sind

---

[111] Robertson McQuilkin, *Leben im Geist,* S. 155.

[112] Der Begriff „übernatürlich" bedeutet einfach etwas, das über die natürlichen Fähigkeiten des Menschen hinausgeht.

besser als das, was du hättest erwarten können, wenn du aus eigener Kraft gehandelt hättest.

Gesalbte Lehre bringt Menschen näher zu Gott und weckt in ihnen den Wunsch, dass er ihr Leben verändert. Gesalbtes Predigen bewegt Menschen zur Umkehr und Errettung. Gesalbte Barmherzigkeit berührt die Herzen der Menschen mit der verwandelnden und heilenden Liebe Gottes. Das hat nichts mit der Redegewandtheit oder den natürlichen Talenten einer Person zu tun. Wir bewundern vielleicht das Talent eines Solisten in einem Gottesdienst, aber der Geist kann eventuell stärker durch den gesalbten Gesang eines nicht so talentierten Menschen wirken. Du magst dich unbeholfen fühlen, wenn du deinem Nachbarn von deinem Glauben an Christus erzählst, aber der Geist nimmt die Worte deines Mundes und benutzt sie, um einen Hunger nach Gerechtigkeit in das Herz deines Gegenübers zu pflanzen. Sind geistliche Gaben in deinem Leben wirksam? Achte auf die Ergebnisse und gib Gott die Ehre!

Ein weiterer Beweis für die geistliche Fülle ist der Segen Gottes über deinem Leben. Das ist nichts, worüber du dir Sorgen machen oder wofür du arbeiten musst; es ist einfach Teil von Gottes Verheißung. Wir sollten uns nie damit beschäftigen, nach Gottes Segen zu streben. Wir sollten stattdessen damit beschäftigt sein, seinen Willen zu tun. Gott kümmert sich um die Segnungen. Er bringt uns den Wohlstand auf eine Weise, die uns nicht durch die Versuchungen des Reichtums zerstört. Er schenkt uns Gesundheit auf eine Art und Weise, die ihn verherrlicht. Er wacht über unsere Kinder und sorgt für Frieden in unseren Familien. König David schrieb: *„Vertraue auf den HERRN und tue Gutes; wohne im Land und hüte Treue; und habe deine Lust am HERRN, so wird er dir geben die Bitte deines Herzens. Befiehl dem HERRN deinen Weg und vertraue auf ihn, so wird er handeln und wird deine Gerechtigkeit hervortreten lassen wie das Licht und dein Recht wie den Mittag.“*[113]

Der Herr verspricht uns große Segnungen, wenn wir mit ihm leben. Es ist jedoch wichtig, dass wir unsere Prioritäten richtig setzen. Wir sollten nicht danach streben, „Freude am Herrn" zu haben, *damit* unsere Wünsche erfüllt werden. Diese engstirnige Haltung nährt nur die alte, egozentrische Natur. Sie hat den Beigeschmack einer

---

[113] Psalm 37,3-6.

sehr weltlichen „Was habe ich davon?"-Mentalität. Wir sollten uns am Herrn erfreuen aufgrund dessen, wer er ist und allem, was er repräsentiert. Es ist dann seine Aufgabe, uns so zu segnen, wie er es für richtig hält. Wenn wir das befolgen, werden seine Herzenswünsche zu den unseren. Geh niemals in die Falle, das Leben eines anderen Menschen von außen zu betrachten und zu versuchen, seinen oder ihren geistlichen Zustand anhand der äußeren Umstände seines Lebens zu beurteilen. Schlechte Dinge passieren guten Menschen und gute Dinge passieren schlechten Menschen.

Der wahre Segen liegt im Inneren, in den verborgenen Regionen der Seele. Der wahre Segen zeigt sich im Leben der Menschen, wenn sie lernen, sowohl mit Wohlstand als auch mit Armut zufrieden zu sein, und wenn sie Widrigkeiten durchstehen und daraus ohne Bitterkeit, sondern mit einem Herzen voller Freude wieder herauskommen. Echter Segen zeigt sich, wenn Menschen dem Tod mit Zuversicht und Gewissheit entgegengehen. Der wahre Segen ist ein Friede, der unseren Verstand und unsere Lebensumstände übersteigt, ein Friede, der nicht erschüttert werden kann, egal, was dir im Leben begegnet. Die Segnungen Gottes sind zahlreich! Überlassen wir ihre Verteilung dem, der es am besten weiß.

Zusammenfassend frage ich: Wie sieht es aus, wenn man mit dem Heiligen Geist erfüllt ist? Es bedeutet, dass du aus deiner persönlichen Perspektive die innere Gerechtigkeit, den Frieden und die Freude[114] kennst, die daraus resultieren, dass du dich ihm unterordnest. Wenn du täglich Zeit mit dem Geist der Weisheit, des Verstandes, des Rates, der Kraft, der Erkenntnis und der Furcht des Herrn verbringst,[115] verwandelt er dich. Diese Eigenschaften werden mit der Zeit zu deinen eigenen, und du merkst, dass du innerlich anders bist. Du bist „gefestigter". Dein Leben wird nicht mehr von Höhen und Tiefen bestimmt. Du lässt dich nicht mehr so leicht von Widrigkeiten erschüttern, und wenn doch, fällt es dir viel leichter, das Gleichgewicht wiederzufinden. Du stellst fest, dass deine ersten bewussten Gedanken am Morgen und deine letzten am Abend jetzt auf Jesus gerichtet sind. Du hast ein tiefes inneres Verlangen, nicht zuzulassen, dass irgendein Gedanke, ein Wort oder eine Handlung deinem himmlischen Vater

---

[114] Römer 14,17.

[115] Jesaja 11,2.

Unehre bringt. Nur du (und natürlich Gott) weißt mit Sicherheit, wie du aus diesem inneren Blickwinkel „aussiehst".

Von außen betrachtet, d. h. wenn andere uns sehen, sieht „Voll-sein" aus wie Jesus! Wenn die Frucht des Geistes im Inneren wächst, wird ein Teil davon von außen sichtbar und Jesus beginnt, uns zu benutzen, um die Menschen um uns herum durch die Gaben seines Geistes zu erreichen. Diejenigen, die viel mit uns zu tun haben, können schnell erkennen, ob wir mit dem Heiligen Geist erfüllt sind oder nicht. Sie müssen nur die Art und Weise beobachten, wie wir leben, arbeiten, mit Menschen und Widrigkeiten umgehen, welcher Unterhaltung wir nachgehen und wie wir uns in Bezug auf die vielen anderen Aspekte des täglichen Lebens verhalten. Zu den absolut schlechtesten Zeugen für Jesus gehören diejenigen, die verkünden, vom Heiligen Geist erfüllt zu sein, aber die meiste Zeit ihres Lebens aus der Kraft ihrer alten, geistlosen Natur leben. (Eine weitere große Offenbarung für dich: Die Bibel nennt das einen Heuchler!) Nur andere wissen mit Sicherheit, wie du von außen aussiehst. Deshalb brauchen wir die „Fruchtprüfer"!

Höre dir zum Abschluss dieses Kapitels folgende Worte aus dem Brief des Paulus an die Gemeinde in Ephesus an, in denen er beschreibt, was es bedeutet, voll des Geistes zu sein: *„Deswegen beuge ich meine Knie vor dem Vater, von dem her jede Vaterschaft im Himmel und auf der Erde den Namen hat, dass er euch nach dem Reichtum seiner Herrlichkeit beschenkt: dass ihr im inneren Menschen stark werdet mit Kraft durch seinen Geist, dass der Messias durch den Glauben in euren Herzen wohnt und ihr in Liebe verwurzelt und gegründet seid, damit ihr fähig seid, mit allen Heiligen zu begreifen, was die Breite und die Länge und die Höhe und die Tiefe ist, und dass ihr die Liebe des Messias erkennt, die die Erkenntnis (noch) weit überragt, damit ihr vollendet werdet in die ganze Fülle Gottes hinein."*[116]

---

[116] Epheser 3,14-19.

Fragen zum Weiterdenken

1. Was sind die Früchte des Geistes?

2. Warum sind sie ein klarer Beweis dafür, dass wir mit dem Heiligen Geist erfüllt sind?

3. Warum beginnt die Liste dieser Früchte mit der Liebe?

4. Wie können wir sicher sein, dass die Frucht des Geistes in unserem Leben wächst?

5. Warum brauchen wir „Fruchtprüfer" in unserem Leben?

6. Nenne ein weiteres Zeichen dafür, dass jemand mit dem Geist erfüllt ist.

7. Was sind die Gaben des Geistes und warum werden sie denjenigen gegeben, die im Geist wandeln?

8. Warum sind die Segnungen Gottes ein weiterer Beweis für geistliche Fülle?

9. Warum sollten wir uns am Herrn erfreuen?

10. Wie sieht es aus, wenn man mit dem Heiligen Geist erfüllt ist?

Kapitel 8

Die Ruhe Gottes

Eine wunderbare Lehre in der Heiligen Schrift beginnt im ersten Teil des ersten Buches Mose und erstreckt sich bis ins Neue Testament. Sie offenbart ein entscheidendes Merkmal des Lebens in der Fülle des Geistes. Dieses Merkmal ist das der „Ruhe". Bei Gottes Ruhe geht es nicht um einen Zustand der Untätigkeit, sondern um die Quelle der Kraft für unser Handeln.

In Bezug auf die rebellische und untreue Generation der Hebräer, die aus der ägyptischen Knechtschaft befreit wurde, schrieb der Psalmist: *„Darum schwor ich in meinem Zorn: Sie sollen nicht in meine Ruhe eingehen"*[117] Er bezog sich damit auf die Tatsache, dass die Hebräer so lange in der Wüste umherwandern mussten, bis diese Generation von Erwachsenen starb. Erst dann erlaubte Gott der jüngeren Generation, in das verheißene Land Kanaan zu ziehen. Einfach ausgedrückt: Die ältere Generation hatte kein Vertrauen in Gott, dass er sie sicher in ihre neue Heimat bringen würde, nachdem sie von den Riesen und starken Männern gehört hatten, die das Land in Besitz hatten.[118] Sie rebellierten immer wieder gegen denselben Gott, der sie auf wundersame Weise aus der Knechtschaft befreit hatte. Obwohl sie die Macht Gottes am eigenen Leib erfahren hatten, konnten sie sich nicht vorstellen, dass Gott selbst ihnen die Kraft geben würde, die sie brauchten, um die anstehende Aufgabe zu erledigen. Sie hatten mehr Angst vor ihren Feinden als Glauben an Gott. Der Hebräerbrief greift dieses Thema auf und wendet es neutestamentlich an:

---

[117] Psalm 95,11.
[118] 4. Mose 13 und 14.

*Welchen schwor er, dass sie nicht in seine Ruhe kommen sollten,
wenn nicht denen, die widerstrebten? Und wir sehen, dass sie nicht
hineinkommen konnten aufgrund (ihres) Unglaubens. Weil also
(die Erfüllung) des Versprechens, in seine Ruhe zu kommen, noch
bevorsteht, wollen wir wachsam sein, damit nicht jemand von euch
zurückzubleiben scheint! Auch uns wurde doch eine Botschaft gebracht, genau wie jenen. Aber das Wort, das sie hörten, nützte jenen nichts, die nicht mit Glauben durchdrungen waren von dem,
was sie gehört hatten. Wir, die glauben, kommen allerdings in die
Ruhe hinein ...*

*An einer Stelle hat er über den siebten (Tag) doch so gesagt: „Und
Gott ruhte am siebten Tag von allen seinen Werken ...*

*Also bleibt noch eine Schabbatruhe für das Volk Gottes. Wer in
seine Ruhe hineingeht, ist ja auch selbst zur Ruhe gekommen von
seinen Werken, genau wie Gott von den seinen. Wir wollen uns also beeilen, in jene Ruhe zu kommen ...*[119]

Die Heilige Schrift stellt eine Analogie her zwischen dem siebten Tag
der Schöpfung, dem Einzug ins Gelobte Land und dem Ort der Ruhe,
zu dem wir heute gerufen werden. Wo ist die Ähnlichkeit? Gott schuf
sechs Tage lang und „ruhte" dann am siebten Tag. Bedeutet das, dass
Gott sich in seinem himmlischen Sessel zurücklehnte, das Fußball-
spiel einschaltete und nichts tat? Nein, natürlich nicht! Am sechsten
Tag der Schöpfung schuf Gott den Menschen und gab ihm diese Anweisungen:

*Seid fruchtbar und vermehrt euch, und füllt die Erde, und macht
sie (euch) untertan; und herrscht über die Fische des Meeres und
über die Vögel des Himmels und über alle Tiere, die sich auf der
Erde regen!*[120]

Mit anderen Worten: Gott gab dem Menschen alles, was er brauchte,
und dann übertrug er ihm die Verantwortung für die Erde und die Tiere. Gott ruhte, aber er arbeitete weiter mit dem Menschen, lehrte ihn,
gab ihm Ratschläge und unterstützte ihn. Aber der Mensch war für
die Erde verantwortlich, und ihr Schicksal lag innerhalb bestimmter

---

[119] Hebräer 3,18-4,11.
[120] 1. Mose 1,28.

Grenzen in seinen Händen. Wenn ein Gläubiger in die Ruhe eintritt, die Gott anbietet, hört er mit „seinen Werken auf wie Gott mit den seinen". Ein Mensch geht in Gottes Ruhe ein, indem er sich selbst wieder Gott übergibt und Gott die Verantwortung für sein Leben überlässt. Den Israeliten wurde ein Land zur Verfügung gestellt, das für ihre Ankunft vorbereitet war, aber sie wollten nicht glauben und auf Gottes Kraft vertrauen, um es zu erhalten. Sie hätten das Land immer noch bearbeiten und die Ernte einbringen müssen, aber Gott versprach ihnen ein blühendes Land und reichlich Segen. Doch sie glaubten nicht. Sie wollten nicht „ruhen" und Gott „die Verantwortung" überlassen.

Jesus lehrte die gleiche Wahrheit auf diese Weise: „*Kommt alle zu mir, die ihr euch bemüht und beladen seid, ich will euch Ruhe verschaffen! Nehmt mein Joch auf euch und lernt von mir, ich bin sanft und von Herzen bescheiden, ‚und ihr werdet einen Ruheplatz finden für eure Seelen'! Denn mein Joch ist angenehm, meine Last ist leicht.*"[121] Warum legen wir Ochsen ein Joch an? Damit wir ein gewisses Maß an Kontrolle über sie haben und eine produktive Arbeit erbringen können. Ohne das Joch als Mittel der Kontrolle wird ein Ochsengespann bestenfalls ziellos umherziehen und vielleicht sogar zerstörerisch werden. Ebenso ermutigt uns Jesus, sein Joch zu nehmen und es uns selbst aufzuerlegen. Er wird uns niemals sein Joch der Kontrolle aufzwingen; das würde gegen sein eigenes Prinzip des freien Willens verstoßen. Aber er weiß, was das Beste für uns ist, und deshalb bittet er uns, sein Joch bereitwillig auf uns zu nehmen und ihm die Leitung zu überlassen. Er verspricht uns, dass wir dabei „Ruhe" finden werden.

Wem verspricht er diese Ruhe? Nicht unserem Körper. Wenn Jesus die Kontrolle über unser Leben hat, sind wir oft körperlich mehr beschäftigt als je zuvor, denn im Reich Gottes gibt es viel zu tun. Auch nicht unserem Geist. Je mehr wir lernen, in der Fülle des Heiligen Geistes zu leben, desto stärker wird unser Geist und nimmt wieder den Platz in unserem Leben ein, den Gott für ihn vorgesehen hat. Je mehr wir mit dem „*Vater der Geister*"[122] aktiv kommunizieren, desto

---

[121] Matthäus 11,28-30.
[122] Hebräer 12,9 (LUT).

aktiver ist unser Geist. Er verspricht Ruhe für unsere Seelen. Deshalb stelle ich die Frage: „Brauchen wir Ruhe für unsere Seelen?"

Unsere Seele besteht hauptsächlich aus unserem Verstand, unserem Willen und unseren Gefühlen. Wenn die Seele nicht richtig dem Geist unterworfen ist, neigt sie zur alten Natur, wie in Kapitel 3 erläutert wurde. Diese Tendenz ist immer da und wird bleiben, solange wir in diesem irdischen Körper zu Hause sind. Wenn wir uns nicht bereitwillig dem Einfluss und der Souveränität Jesu unterstellen, neigen unsere Seelen dazu, uns in große Schwierigkeiten zu bringen! Wo befinden sich all die Festungen des Fleisches? In der Seele! Woher kommt unsere Neigung zum Egoismus? Was ist mit Angst? Was ist mit Habgier, Depressionen, Hass, sexueller Unmoral und einer Vielzahl anderer Sünden und schädlicher Laster? Die Antwort lautet, dass diese Tendenzen in unserer eigenen, weltlich geprägten, egozentrischen und fleischgebundenen Seele liegen. Deshalb sagt uns Jakobus: *„Niemand, der versucht wird, soll sagen: ,Ich werde von Gott versucht.' Gott kann ja nicht versucht werden von üblen Dingen, und er selbst versucht niemanden. Jeder wird aber versucht, wenn er von seiner eigenen Gier verlockt und geködert wird."*[123] Er fragt uns weiter: *„Woher (kommen) Kriege, woher Kämpfe unter euch, wenn nicht daher: aus euren Lüsten, die den Kampf führen in euren Gliedern? Ihr seid gierig – und habt nicht. Ihr mordet und eifert – und könnt nichts erreichen. Ihr streitet und führt Krieg. Ihr habt nichts, weil ihr nicht bittet."*[124]

Was ist die Lösung für dieses Dilemma? Tritt ein in die Ruhe, die Gott für alle Gläubigen vorbereitet hat. Überlasse Gott die Kontrolle über dein Leben. Überlasse dich täglich seiner Souveränität. Glaube nicht der Lüge Satans, du müsstest die Kontrolle über dein Leben behalten. Der geheime Ort der Ruhe ist nur in der vollständigen Unterordnung unter die Herrschaft von Jesus zu finden. Die vollständige Hingabe an Jesus ist der Ort der Ruhe. Andrew Murray drückt es so aus: „Eine völlige Hingabe bedeutet sowohl zu gehorchen als auch zu vertrauen, zu vertrauen als auch zu gehorchen ... Nicht das Joch, sondern der Widerstand gegen das Joch führt zu Problemen; die völlige Hingabe an Jesus, der zugleich unser Meister und unser Bewah-

---

[123] Jakobus 1,13-14.
[124] Jakobus 4,1.

rer ist, führt zur Ruhe und bewahrt sie."[125] Vertraue ihm, wie er es dir nahelegt, und er wird die „Riesen" in deinem Leben besiegen! Halte dich fest an sein Wort und beobachte, wie Satan flieht! Ziehe ein in die Ruhe des gelobten Landes für deine Seele: Das Leben im Geist.

Fragen zum Weiterdenken

1. Was ist mit der Ruhe Gottes gemeint?

2. Was ist eines der größten Hindernisse für den Eintritt in seine Ruhe?

3. Warum ist Ungehorsam ein Hindernis für den Eintritt in seine Ruhe?

4. Hat Gott am siebten Tag der Schöpfung aufgehört zu arbeiten? Warum bzw. warum nicht?

5. Warum hat Jesus uns ermutigt, sein Joch auf uns zu nehmen?

6. Brauchen wir Ruhe für unsere Seelen?

7. Was passiert, wenn unsere Seelen (Verstand, Wille und Gefühle) nicht richtig dem Geist unterworfen sind?

8. Nenne einige der Festungen des Fleisches. Wo sind sie zu finden?

9. Wann werden wir in Versuchung geführt?

10. Wo können wir den Ort der Ruhe finden?

---

[125] Andrew Murray, *Abide in Christ,* S. 20-21.

Kapitel 9

Die Gaben des Geistes

In Kapitel sieben haben wir kurz über die Gaben des Heiligen Geistes gesprochen. Jetzt wollen wir uns dieses Thema genauer ansehen. Kaum etwas hat in den Gemeinden so viele Kontroversen ausgelöst wie die Gaben des Geistes (es sei denn, es geht um die Farbe des Teppichs oder die Art der Musik!). Ganz im Ernst: Die biblische Lehre über die Gaben ist in den meisten großen Kirchen der Neuzeit kaum noch vorhanden. Und warum? Nun, die meisten werden sagen, dass die Lehre über die geistlichen Gaben zu viele Fragen aufwirft und die Leute sich oft unangemessen verhalten, wenn man sich zu sehr auf diese Gaben konzentriert. Wieder andere werden argumentieren, dass die Menschen sich dann zu sehr auf Heilungen, Zungenreden und Ähnliches versteifen und alle möglichen Verwirrungen in der Gemeinde stiften, und damit haben sie recht! Eine solche unangebrachte Konzentration und Verwirrung tritt mit Sicherheit auf, wenn man nicht richtig unterwiesen wird und es nicht auf angemessene Weise unter Gottes Autorität geschieht. Die Gemeinde in Korinth war ein perfektes Beispiel dafür.

In der korinthischen Gemeinde wirkten alle Gaben des Geistes, verursachten aber auch eine Menge Chaos. Was war die Lösung von Paulus? Er sagte ihnen *nicht,* sie sollten sofort mit den Geistesgaben aufhören, sondern er wolle nicht, dass sie in Bezug auf die Gaben und ihre praktische Anwendung unwissend seien.[126] Er wies sie darauf hin, dass alles angemessen und geordnet geschehen soll.[127] Er fuhr

---

[126] 1. Korinther 12,1.
[127] 1. Korinther 14,40.

fort, ihnen detaillierte Anweisungen über die Ausübung der geistlichen Gaben zu geben und darüber, dass sie richtig eingesetzt werden müssen.

Ich möchte betonen, dass Paulus *nicht versucht hat, die Äußerung oder den Gebrauch der Gaben zu unterbinden*, auch wenn es bei der Ausübung dieser Gaben zu Problemen gekommen ist. Paulus hat richtig verstanden, dass die Gaben des Geistes absolut notwendig sind, wenn wir wirklich die Gemeinde sein wollen: der Leib Christi auf der Erde. Wenn wir die freie Ausübung dieser Gaben nicht zulassen, dann tun wir nur so, als seien wir Gemeinde. Das übernatürliche Werk der Gnade erfordert übernatürliche Werkzeuge! Ohne das Wirken der Gaben haben wir den Menschen nichts zu bieten außer einigen historischen und lehrmäßigen Wahrheiten und einem philosophischen Glaubenssystem.

Jesus lebt und sitzt zur Rechten des Vaters, und er wirkt heute durch das Leben seiner Erlösten auf der Erde. Die Gaben des Geistes sind die Werkzeuge, die er zur Verfügung gestellt hat, um die Arbeit zu tun, die er getan haben möchte.. Es sind genau dieselben Werkzeuge, die Jesus benutzte, um den Menschen zu dienen, als er durch Galiläa reiste. Das Werk des Vaters bestand nicht nur darin, die Gute Nachricht zu verkünden, sondern auch die Macht seines Reiches zu demonstrieren. Wenn wir die Arbeit heute ohne diese Werkzeuge tun könnten, hätte er sie nicht so reichlich zur Verfügung gestellt. Ich kann mir vorstellen, dass Satan sehr erfreut ist, wenn wir auf Kontroversen in Bezug auf geistliche Gaben so reagieren, dass wir sie abstellen. Ohne solche Gaben wie Unterscheidungsvermögen, Worte der Weisheit, Prophetie und Lehre machen wir es Satan sicherlich viel einfacher!

Ich gehe davon aus, dass du jetzt weißt, wie ich über die Gaben des Heiligen Geistes denke. Aber es ist auch wichtig, dass du verstehst, wie ich zu dieser Position gekommen bin. Ich bin in einer sehr traditionellen *United Methodist Church* in Tennessee aufgewachsen (aufgrund von Umzügen meiner Familie war ich in jenen Jahren sogar Mitglied in drei verschiedenen Gemeinden dieser Denomination). Ich hatte im Laufe der Jahre gute Prediger und gute Lehrer, aber ich hörte fast nichts über den Heiligen Geist und noch weniger über seine Gaben. Als ich neun Jahre alt war, nahm ich eines Sonntagmorgens Jesus als meinen Retter an, nachdem ich eine Predigt gehört hatte, in der es darum ging, dass wir nie wissen, wie viel Zeit wir noch haben, um auf Gottes Ruf zu antworten. Unter dem Refrain von „Just as I Am" („So, wie ich bin") ging ich nach vorne und nahm Jesus aufrichtig in mein Herz auf. Ich wurde getauft, und mein Name wurde in das Gemeinderegister eingetragen. Danach hatte ich mehrere Sonntage lang das Bedürfnis, am Ende des Gottesdienstes nach vorne zu gehen, um für mich beten zu lassen. Das war damals nicht üblich oder etwa erwünscht. Deshalb sagte mir mein Pastor nach zwei oder drei Sonntagen, ich solle nicht mehr nach vorne kommen, und er versicherte mir, mein Seelenheil sei sicher. Ich wusste damals nicht, wie ich das ausdrücken sollte, was in meinem Herzen war. Ich zweifelte nicht an meiner Errettung, aber ich hatte immer noch das Gefühl, dass etwas fehlte oder unvollständig war. Erst Jahre später begriff ich, dass sich mein Herz nach der „vollständigen" christlichen Taufe sehnte, nicht nur im Wasser, sondern auch im Geist.

Ich kannte im Laufe der Jahre viele gute Leute in der Gemeinde, aber im Großen und Ganzen schienen sie sich nicht von den meisten anderen guten Menschen zu unterscheiden, die ich kannte und die nicht in die Gemeinde gingen. Wir gingen jeden Sonntag in die Gemeinde und feierten einen „netten Gottesdienst" und gelegentlich wurde jemand getauft, meistens ein junger Erwachsener nach dem Konfirmandenunterricht. Meine Eltern waren immer sehr bemüht, auf die Bedürftigen zuzugehen und ihnen zu helfen. Dies bewirkte eine Veränderung in den Menschen, die mich einen Blick auf die geistliche Kraft erhaschen ließ (später wurde mir klar, dass hier einige der geistlichen Gaben am Werk waren).

Nachdem ich im Alter von fünfundzwanzig Jahren die Geistestaufe empfangen hatte, stellte ich fest, dass in den meisten unserer Gottesdienste keine Kraft vorhanden war. Wir verkündeten, wir hätten das Wort der Wahrheit und das Brot des Lebens, aber wir verhielten uns eher so, als hätte das keine praktischen Auswirkungen. Mir wurde klar, dass nicht nur ich persönlich „etwas mehr" in meinem Leben brauchte, sondern dass auch die Gemeinde dieses „Etwas" dringend benötigte. Es gab einige treue Heilige in der Gemeinde, die in den vergangenen Jahren die Geistestaufe erlebt hatten und bei jeder Gelegenheit Fürbitte leisteten und lehrten, allen voran eine meiner ehemaligen Englischlehrerinnen an der High School. Sie hatte ihr Haus für unsere Jugendgruppe geöffnet, als ich noch in der High School war, und Gott benutzte sie und diese Umgebung, um sowohl mich als auch meine zukünftige Frau (und sicher auch viele andere) darauf vorzubereiten, seinen Geist der Verheißung zu empfangen.

Dadurch begannen die Worte der Heiligen Schrift für mich lebendig zu werden. Mir wurde auch klar, dass der Mangel an geistlicher Kraft in einer Gemeinde direkt mit dem Fehlen geistlicher Gaben zusammenhängt. Wir behaupteten, Jesus sei unter uns, aber wir glaubten nicht, dass er etwas „tun" wollte, während wir versammelt waren. Anscheinend waren wir bereit, die Vorstellung zu akzeptieren, dass Gott unsere Prediger und Lehrer beeinflussen konnte, aber das war auch schon alles, was unser kollektives Verlangen nach den Dingen des Geistes ausmachte. Das passte so gar nicht zu den Versammlungen der Urgemeinde, wie sie in der Apostelgeschichte beschrieben werden. Mein Herz begann zu Gott zu schreien: „Aber was ist mit den Diensten der Heilung und Befreiung? Was ist mit dem Predigen und mit prophetischen Worten, die unsere Herzen in Flammen setzen können? Was ist mit Anbetung, die von diesem lebendigen Gott selbst ermächtigt ist? Was ist mit Menschen, die verletzt und gebunden sind?" So erkannte ich die Notwendigkeit der praktischen Anwendung der Geistesgaben. Ich begann, an sie zu glauben, weil die Bibel sagte, dass sie real sind, und weil das Bedürfnis nach ihnen nie verschwunden war. Ich glaubte an die Gültigkeit und Realität der Gaben, noch bevor ich sie tatsächlich erlebt hatte. Ich habe sie im Glauben angenommen.

Schauen wir uns einige Bibelstellen über die Gaben des Heiligen Geistes an:

Gerade wie wir an einem Leib viele Glieder haben, die Glieder aber nicht alle dieselbe Aufgabe haben, so sind wir, die Vielen, ein Leib im Messias und (sind) im Einzelnen einander Glieder. Entsprechend der uns gegebenen Gnade haben wir aber verschiedene Gnadengaben. Wenn es Prophetie ist, soll sie in Übereinstimmung mit dem Glauben sein, wenn es ein Dienst ist, in der dienenden Haltung, wenn es der Lehrende ist, in der (überlieferten) Lehre, wenn es der Zurechtbringende ist, in der zurechtbringenden Art! Wer (von seinem Besitz) abgibt, soll es mit Freigiebigkeit (tun), wer sich (um eine Sache) kümmert, soll es mit Hingabe (tun), wer Barmherzigkeit übt, soll es mit Fröhlichkeit (tun)! (Römer 12,4-8).

Über die Wirkungen des Geistes, Geschwister, will ich nicht, dass ihr unwissend seid ...

Es gibt Unterschiede der Gnadengaben, (es ist) aber derselbe Geist. Es gibt Unterschiede der Dienste, und (es ist) derselbe Herr. Es gibt Unterschiede der Wirkungen, (es ist) aber derselbe Gott, der das alles in allen bewirkt. Jedem wird das Offenbarwerden des Geistes aber zum Nutzen (aller) gegeben: Dem einen wird durch den Geist ein Wort der Weisheit gegeben, einem anderen ein Wort der Erkenntnis nach demselben Geist, einem anderen ein (besonderer) Glaube in demselben Geist, einem anderen Gnadengaben von Heilungen in dem einen Geist, einem anderen Wirkungen von Kräften, einem anderen Prophetie, einem anderen Unterscheidungen von Geistern, einem anderen verschiedene Arten von Sprachen, einem anderen Deutung von Sprachen. Dies alles bewirkt ein und derselbe Geist, der jedem Einzelnen zuteilt, wie er will. Genauso, wie der Leib einer ist und viele Glieder hat, alle Glieder des Leibes aber viele sind und doch ein Leib, so ist ja auch der Messias ...

Ihr seid (der) Leib des Messias – und Glieder als Teile davon. Die, die Gott in der Gemeinde gegeben hat, sind zum Ersten Gesandte, zum Zweiten Propheten, zum Dritten Lehrer, dann Kraftwirkungen, dann Gaben von Heilungen, Hilfeleistungen, Richtungsweisungen, verschiedene Arten von Gebetssprachen. Sind denn alle Gesandte? Sind denn alle Propheten? Sind denn alle Lehrer? Haben denn alle Kraftwirkungen? Haben denn alle Gnadengaben von Heilungen? Sprechen denn alle in Gebetssprachen? Übersetzen denn alle? Erstrebt eifrig die wichtigeren Gnadengaben! (1. Korinther 12,1.4-12.27-31).

Jedem Einzelnen von uns wurde der Liebesdienst aber in dem Maß gegeben, das der Messias geschenkt hat. Deshalb heißt es: „Hinaufsteigend zur Höhe führte er Gefangene in Gefangenschaft, gab Gaben den Menschen." ...

Und er hat (als Gaben) gegeben: die Gesandten, die Propheten, die Botschafter und die Hirten und Lehrer, damit sie die Heiligen ausbilden zum Tun des Dienstes, zum Aufbau des Leibes des Messias, bis wir alle hinkommen in die Einheit des Glaubens und der klaren Erkenntnis des Sohnes Gottes, in (die Reife) eines erwachsenen Menschen, in das Maß der vollen Lebensgröße des Messias, damit wir nicht mehr unmündig seien, getrieben und umherbewegt von jedem Wind der Lehre im schlauen Spiel der Menschen, das auf den Abweg zur Verirrung (führt). Indem wir in Liebe die Wahrheit sagen, wollen wir in allem wachsen in ihn hinein, der das Haupt ist, der Messias. Aus ihm heraus wird der ganze Leib zusammengefügt und zusammengehalten durch jede unterstützende Sehne nach dem Maß der Mitwirkung jedes einzelnen Teils, und so wird das Wachstum des Leibes vollbracht zu seinem Aufbau in Liebe (Epheser 4,7-8.11-16).

Hier nun eine Zusammenfassung der Gaben, die in der obigen Passage erwähnt werden:

1. Prophetie

2. Dienen (Dienst)

3. Lehren

4. Zurechtbringen (ermahnen/ermutigen)

5. Geben

6. Kümmern (leiten bzw. vorstehen)

7. Barmherzigkeit (Mitgefühl)

8. Wort der Weisheit

9. Wort der Erkenntnis

10. Glaube

11. Hilfeleistung

12. Gaben der Heilung

13. Das Wirken von Wundern

14. Unterscheidung der Geister

15. Zungenrede

16. Auslegung von Zungen

17. Apostel (Gesandter)

18. Prophet

19. Evangelist (Botschafter)

20. Hirte

21. Lehrer

Die meisten Menschen aus den etablierten Kirchen neigen dazu, diese Liste anzuschauen und die Gaben unbewusst in zwei Hauptkategorien einzuteilen:

1. Talente und natürliche Fähigkeiten (d. h. Dinge, mit denen wir gut umgehen können) und

2. übernatürliche Manifestationen (d. h. Dinge, mit denen wir nicht gut umgehen können).

Das einzige Problem bei dieser Unterteilung ist, dass die Bibel keine solche Unterscheidung macht. Die Bibel fasst einfach alle Gaben in einem großen Paket zusammen. Sie sind alle „übernatürlich". Es gibt keinen Hinweis darauf, dass wir einige dieser Gaben mehr brauchen als andere. Tatsächlich argumentiert Paulus ganz klar, dass alle Gaben gebraucht werden und dass keine ausgeschlossen werden sollte.[128]

Je nach deinem Hintergrund gibt es mit Sicherheit einige Gaben, in Bezug auf die du dich wohler fühlst als in Bezug auf andere. Vielleicht hast du einige der Gaben bestimmten Konfessionen oder Gruppen von Christen zugeordnet. Du hast möglicherweise beschlossen, dass du einige Gaben für „okay" hältst und andere niemals besitzen möchtest. Aber wie du sehen kannst, entspricht diese Art zu denken nicht der biblischen Lehre. Entweder wir brauchen die Gaben oder wir brauchen sie nicht!

Wenn wir sie brauchen, welches Recht haben wir dann, Gott zu sagen, welche Gaben wir annehmen und welche er unterdrücken soll? Glauben wir wirklich, dass Gott uns etwas zur Verfügung stellen würde, das uns schadet? Wenn du dich nicht wohlfühlst, dass ein Leiter in der Gemeinde jemandem die Hände auflegt und um Heilung betet, wärst du dann trotzdem bereit, dies in deiner Gemeinde zu tun, wenn du weißt, dass Gott das Leben eines Menschen berühren und ihn heilen will? Wenn du dich in Bezug auf Zungenrede nicht wohlfühlst, könntest du es dann für möglich halten, dass jemand durch eine Botschaft in Zungensprache mit Auslegung zur Umkehr gebracht wird und sein Leben Jesus übergibt? Wenn so etwas in deiner Gemeinde passieren würde, wären es die Ergebnisse wert, dass du dich nicht wohl dabei fühlst? Wärst du so vernünftig, den Geist Christi nicht abzulehnen, wenn er kommt, um zu dienen, auch wenn er die

---

[128] 1. Korinther 12,14-26.

Dinge nicht genau so tut, wie du sie gerne hättest? Oder würdest du wie die Pharisäer zur Zeit Jesu sein, die sich so sehr in das Drum und Dran ihrer Religion verstrickt hatten, dass sie Jesus nicht als den erkennen konnten, der er ist?

Könnte dies deine Gottesdienste ein wenig verändern? Und ob! Wahrscheinlich werden Süchtige und Prostituierte zu deinem „Altar" kommen und Gebet empfangen! Wahrscheinlich werden Menschen mit Krebs und anderen Krankheiten zu dir kommen und offen um Gottes Segen der Heilung und Kraft bitten. Es kann auch vorkommen, dass du am Ende des Gottesdienstes leise über jemanden hinweggehen musst, der unter die Kraft des Geistes zu Boden gegangen ist, nachdem er Befreiung erfahren hat! Wenn du nicht aufpasst, sieht es vielleicht so aus wie auf einem der galiläischen Hügel, auf denen Jesus vor langer Zeit gepredigt hat! Oder vielleicht gibt es gar nicht viele äußerliche Manifestationen, während die Menschen füreinander beten. Aber dennoch kann es sein, dass der Geist kraftvoll wirkt, heilt und befreit. Es ist ein Irrtum zu glauben, dass man das, was innerlich geschieht, nach dem beurteilen kann, was äußerlich sichtbar ist.

Zum Zeitpunkt, an dem ich diese Zeilen schreibe (2024), wird diese Art von Dienst in meiner Heimatgemeinde seit 1993 aktiv ausgeübt. Ich möchte dir versichern, dass dieser Dienst in den Gaben des Geistes in Anstand und Ordnung stattfinden kann und auch stattfindet. Das kann so aussehen, dass Menschen umfallen, weinen, lachen oder zittern. Es kann sehr ruhig aussehen, oder es kann nach außen hin eine unglaubliche Freude zum Ausdruck kommen. „Ordnung" bedeutet nicht „tot". „Anstand" bedeutet nicht „still". Solange der Fokus auf Jesus gerichtet ist und nichts gegen die Heilige Schrift verstößt, sind die Reaktionen der Menschen auf das Wirken des Heiligen Geistes anständig und geordnet.

Es klingt unglaublich, aber als die Manifestationen des Heiligen Geistes in unserem Hauptgottesdienst am Sonntagmorgen begannen, ging niemand weg! Ich meine damit nicht nur, dass niemand den Gottesdienst verließ. Ich meine, dass niemand die Gemeinde verließ. Bei einer Gemeinde, die damals über dreihundert aktive Mitglieder hatte, ist das ein Wunder! Fünfzehn Jahre lang war ich Vorsitzender unseres Gemeindevorstands; wenn es also eine Kontroverse über die Gottesdienste gegeben hätte, hätte ich sicherlich davon gewusst. Niemand verließ die Gemeinde, weil alle die geistliche Frucht sahen, die sie hervorbrachte.

Jeden Tag und jeden Abend fanden Bibelkreise in den Wohnungen oder im Gemeindegebäude statt. Menschen, die auf der Suche nach Jesus von der Straße zu uns gekommen waren, fanden ihn. Jede Woche ließen sich Menschen taufen. Menschen wurden auf wundersame Weise von Krebs und anderen unheilbaren Krankheiten geheilt. Diejenigen, die nicht körperlich geheilt wurden, wurden von liebevollen, mitfühlenden Brüdern und Schwestern in Christus gestützt und getröstet, und wir erkannten, dass der Tod keine Niederlage ist: Nur der Tod ohne Jesus ist eine Niederlage! Die Zimmer in den Krankenhäusern waren voll von betenden Freunden. Viele wurden von dämonischer Unterdrückung befreit. Die Mitglieder trafen sich zu jeder Tages- und Nachtzeit zum Gebet. Mehrere Mitglieder gingen auf Missionsreisen. Unsere Jugendgruppe wurde dreimal so groß. Einige Mitglieder wurden in den Vollzeitdienst berufen. Unsere Gebetskapelle war immer geöffnet, und oft fand man jemand im Fürbittegebet, wenn man mitten in der Nacht dorthin ging.

Es war nicht ungewöhnlich, dass am Ende unserer Gottesdienste fünfzig oder mehr Menschen um Gebet oder Seelsorge baten. Die Kraft des Geistes wirkte manchmal so stark, dass zwanzig oder mehr Menschen auf dem Boden lagen. Der Distriktsuperintendent (der Pastor des Pastors) von Tom Halliburton, unserem damaligen Pastor, fragte ihn einmal, wie es den älteren Gemeindemitgliedern mit all den Veränderungen und geistlichen Manifestationen gehe, worauf Tom antwortete: „Ich habe sie nicht gefragt, aber sie scheinen damit klarzukommen. Ich muss am Ende des Gottesdienstes über sie hinwegsteigen, so wie über alle anderen auch!" Die Intensität der äußeren Manifestationen des Geistes hat im Laufe der Jahre mal zu- und mal abgenommen. Das wird akzeptiert und erwartet, weil die Bedürfnisse nicht immer dieselben sind. Manchmal wirkt der Geist auf leisere, aber ebenso kraftvolle Weise. Es geht ja um Folgendes: Wie er zu einem bestimmten Zeitpunkt wirkt, muss ihm überlassen bleiben und darf nicht von uns bestimmt oder eingeschränkt werden!

In dieser Zeit wurden auch die Lektionen entwickelt, auf denen dieses Buch basiert. Ein Bekannter kam eines Tages in mein Büro und bat mich, in seiner Gemeinde einen Kurs über den Heiligen Geist zu halten. Da ich das noch nie gemacht hatte, außer in der Sonntagsschule für

Erwachsene, sagte ich ihm, ich würde darüber beten. Nach reiflicher Überlegung fühlte ich mich dazu berufen, und so begannen wir bald mit einer achtwöchigen Reihe über „die Person und das Werk des Heiligen Geistes". Das war 1991, und Gott hat mir die Möglichkeit gegeben, diesen Kurs über den Heiligen Geist in vielen Gemeinden und an vielen verschiedenen Orten zu unterrichten. Von Anfang an hat er mir eingeschärft, die Lektionen nicht nur auf eine intellektuelle Übung zu beschränken, sondern den Menschen die Freiheit zu geben, den Heiligen Geist persönlich zu erfahren. Ich habe jede Reihe mit einem Abend abgeschlossen, an dem wir den Teilnehmern Gebet angeboten haben. Wann immer möglich, habe ich ein Gebetsteam dabei, zu dem unter anderem meine Frau und mein Pastor gehören.

Gott hat diese Zeiten auf wunderbare und kraftvolle Weise gesegnet. Ich durfte erleben, wie er den Menschen diente, so wie er es in seinem Wort verspricht. Ich habe miterlebt, wie die Gaben des Geistes in mir und in anderen wirkten, als Gott den Menschen diente und ihre Nöte stillte. Ich erlebte, wie auf wundersame Weise Worte der Erkenntnis, die Unterscheidungsgabe, Weisheit, Heilung und Prophetie zu einem „heiligen Ganzen" verschmolzen, um Menschen aus ihrer Gebundenheit an Sünde zu befreien. Ich habe gesehen, wie Menschen, die jahrelang bedrückt gewesen waren, diese Gebetszeiten befreit verließen, und ich durfte mit vielen dieser Menschen jahrelang in Kontakt bleiben und miterleben, wie die Frucht des Geistes in ihrem Leben wuchs. Ich sah, wie Menschen unter der Kraft des Heiligen Geistes zu Boden fielen und als neue Menschen wieder aufstanden, wobei ihre innere Veränderung in den darauffolgenden Tagen, Wochen, Monaten und Jahren sichtbar wurde. Gott hat mich als hartgesottenen, skeptischen, wissenschaftlich ausgebildeten Mann auf mehr Arten gesegnet, als ich es mir vorstellen kann. Früher war ich genauso skeptisch und zweifelte an diesen „übernatürlichen" Gaben, so wie es auch manchen von euch gehen mag. Aber mein himmlischer Vater hat mich mit dem „Finger Gottes" berührt, und seitdem bin ich nicht mehr derselbe – Gott sei Dank!

Es gibt einen weit verbreiteten Irrtum, in den Menschen leicht verfallen, wenn es um die Ausübung geistlicher Gaben in Gottesdiensten geht, und vielleicht ist dies ein guter Ort, um ihn anzusprechen. Menschen (Fürbitter und Musiker scheinen besonders anfällig für diese Tendenz zu sein) denken, dass die Gaben das sind, worum es im

Gottesdienst geht. Fast unmerklich und unbewusst fangen sie an, die Gaben zu verherrlichen und nicht den Geber! Sie verwenden all ihre Energie darauf, eine „Erfahrung" oder ein Gefühl, das sie schon einmal hatten, wiederherzustellen. Wenn wir hier nicht aufpassen, hört die Zeit, in der die Gemeinde zusammenkommt, auf, sich um Jesus zu drehen, und die Menschen gehen enttäuscht weg, wenn sie nicht das erlebt haben, was sie erwartet haben, oder wenn sie nicht ihren emotionalen „Kick" bekommen haben. Um diese Falle zu vermeiden, braucht es eine reife Leitung und Mitglieder des Lobpreis- und Gebetsteams, die sich der Leitung unterordnen wollen und ein echtes Dienerherz haben. Wenn wir uns versammeln, sollte die Gegenwart des Herrn immer spürbar sein. Seine Gegenwart ist das, was das Volk Gottes schon immer ausgemacht hat. Ohne seine Gegenwart haben wir nichts von bleibendem Wert. Wenn Menschen in unseren Versammlungen dem Herrn nicht begegnen, müssen wir ernsthaft nach dem Grund dafür fragen und alles tun, um dies zu ändern.

Wozu die Gaben des Geistes da sind und wie wir mit ihnen umgehen, ist ganz einfach erklärt: Sie sind Werkzeuge, die der Gemeinde gegeben werden, um das zu tun, was Gott auf dem Herzen hat – nicht mehr und nicht weniger. Wenn du dich an diese einfache Definition erinnerst, kann sie dich vor ernsthaften Fehlern bewahren. Die Gaben sind kein Zeichen für große geistliche Reife und auch keine Verdienstabzeichen, die man trägt, damit alle sie sehen können. Stell dir einen Bauarbeiter vor, der sich morgens bei seinem Chef meldet, um den Auftrag für den Tag zu bekommen. Er nimmt seinen Werkzeugkasten und macht sich auf den Weg zur Baustelle. Als er dort ankommt, stellt er fest, dass jemand die Tür des Gebäudes mit Brettern vernagelt hat und niemand hineinkann. Er greift in den Werkzeugkasten und holt eine Säge heraus. Dann sägt er die Bretter durch, um den Weg freizumachen. Was macht er mit der Säge, wenn die Arbeit beendet ist? Hält er sie hoch in die Luft und läuft herum und verkündet den anderen Arbeitern, wie gut er mit der Säge umgehen kann? „Seht mal, wahrscheinlich konnte noch nie jemand so gut mit der Säge umgehen, außer vielleicht der Chef selbst!" Nein, natürlich nicht! Er legt die Säge einfach zurück in die Kiste, bis sie wieder gebraucht wird. Kurze Zeit später kommt er um eine Ecke und findet einen großen Nagel, der genau in der richtigen Höhe herausragt, um ein Ohr zu verletzen, wenn jemand nicht aufpasst. Er greift in den Werkzeugkasten und holt diesmal einen Hammer heraus, mit dem er den Nagel aus dem Weg schlägt. Was macht er jetzt mit dem Hammer? Du hast es erraten. Er lässt ihn leise zurück in die Kiste fallen; Auftrag erledigt! Schritt für Schritt setzen die Arbeiter ihre Werkzeuge ein, um das Haus zu bauen. Das ist eine einfache Analogie, und hoffentlich ist die Botschaft klar: Die Gaben sind *Werkzeuge*, keine *Verdienstabzeichen*!

Werkzeuge werden Arbeitern zur Verfügung gestellt. Wenn du bereit bist, im Reich Gottes zu arbeiten und beim Bau seines Hauses mitzuhelfen,[129] wird er dir alle Werkzeuge zur Verfügung stellen, die du brauchst. Wenn du dich damit zufriedengibst, herumzusitzen, Kaffee zu trinken, Kekse zu essen, anderen bei der Arbeit zuzusehen und über das schöne Haus zu reden, das gerade gebaut wird (oder die Arbeit zu kritisieren!), brauchst du keine Werkzeuge. Der Geist wählt aus, welche Gaben jedem Einzelnen gegeben werden. Wenn wir eine besondere Sehnsucht in unserem Herzen für einen bestimmten Dienst haben, ist es laut der Heiligen Schrift in Ordnung, für diese Gabe zu beten, solange wir bereit sind, die endgültige Entscheidung ihm zu überlassen. Jeder, der bereit ist zu arbeiten, wird mindestens eine Gabe erhalten. Niemand wird ausgelassen. Genauso wenig wird jemand alle Gaben erhalten. Die einzige Person, die in allen geistlichen Gaben wirkt, ist Jesus.

Ich glaube, dass es mit der biblischen Lehre und Praxis übereinstimmt, dass jede(r) Gläubige zu jedem Zeitpunkt und je nach Bedarf in jeder Gabe tätig sein kann. Mit anderen Worten: Wenn jemand zu dir kommt und Hilfe für ein Problem braucht, obwohl du dich vielleicht noch nie mit diesem Problem befasst hast, kannst du möglicherweise plötzlich genau die richtigen Worte finden, um ihm zu helfen, seinen Weg zu finden. Oder wenn du die Gelegenheit bekommst, mit einem Kranken zu beten, obwohl du noch nie eine wundersame Heilung gesehen oder erlebt hast, heilt Gott vielleicht, wenn du demütig die vor dir liegende Aufgabe anpackst. Das kann nur ein einziges Mal im Leben geschehen, aber auch regelmäßig. Wenn eine Person beständig in einer bestimmten Gabe wirkt, können wir sagen, dass sie diese Gabe „hat". Das gilt besonders für Apostel, Propheten, Pastoren, Evangelisten und Lehrer, aber auch für alle anderen, die Gaben erhalten.

---

[129] Epheser 2,19-22.

Wie findest du deine Gaben? Der beste Rat, den ich dir geben kann, ist: Hör auf, nach ihnen zu suchen! Vergeude nicht viel Zeit mit Selbstbeobachtung und dem Versuch, alle Gaben im Detail zu verstehen. Bitte Gott stattdessen, dir die Augen zu öffnen, um die Nöte und Bedürfnisse um dich herum zu sehen. Vertraue darauf, dass er dich mit den Aufgaben in Kontakt bringt, die du erledigen sollst, und mit den Menschen, denen du helfen sollst, und sei dann einfach bereit, zu tun, was ansteht. Wenn du dich dazu nicht in der Lage fühlst, ist das in Ordnung! Fang im Glauben an. Du wirst nach und nach die Angst überwinden, dumm dazustehen! In den meisten Fällen wirst du feststellen, dass Gott die Umstände deines Lebens genutzt hat, um dich auf die Aufgabe vorzubereiten, und dass er dich mit den speziellen Gaben ausstattet, die du zu diesem Zeitpunkt brauchst.

Manchmal fühlst du dich selbst nach einem Gebet nicht wohl dabei, etwas zu unternehmen oder auf eine bestimmte Person zuzugehen. Eine gute Lösung für dieses Zögern ist das weise alte Sprichwort: „Schenke Gott dein Herz, und dann folge deinem Herzen." Mit anderen Worten: Überprüfe dich selbst, um sicherzugehen, dass du keine versteckten Absichten hast, dass du nicht versuchst, eine Situation zu manipulieren, und dass du nicht insgeheim auf Aufmerksamkeit hoffst oder darauf, in den Augen anderer „gut dazustehen". Wenn du mit gutem Gewissen vorgehen kannst, dann nur zu! Probiere es aus! Gott wird diese Herzenshaltung ehren. Selbst wenn du dich in den Einzelheiten geirrt hast, wird er dafür sorgen, dass dein Handeln keinen Schaden anrichtet und zum Guten genutzt wird.

Was ist mit deinen natürlichen Talenten und Fähigkeiten? Können sie als geistliche Gaben betrachtet werden? Wir alle haben Talente, in denen wir von Natur aus besser (oder auch schlechter!) sind als andere. Wenn du dich zur Verfügung stellst, um von Gott im Dienst an anderen eingesetzt zu werden, wird er dich so leiten, dass deine natürlichen Talente zu seiner Ehre und für sein Werk genutzt werden können. Deine natürlichen Fähigkeiten werden durch den Heiligen Geist verstärkt und vervielfacht und bringen geistliche Frucht hervor. Irgendwann werden dann „deine" Talente zu „seinen" Gaben!

Ich möchte noch einen letzten Gedanken zum Umgang mit den Geistesgaben äußern. Genau wie in der Gemeinde in Korinth entstehen die meisten Kontroversen über die Gaben durch ihren Missbrauch und Fehlgebrauch. Gott will, dass die Gaben im Rahmen einer liebevollen, an Reife zunehmenden Gruppe von Gläubigen unter guter geistlicher Leitung eingesetzt werden.[130] In einem solchen Umfeld werden die Gaben zum Wohle aller eingesetzt, um den Leib der Gläubigen aufzubauen und zu erbauen. Der „Überschwang" der Gaben wird durch die Weisheit der Reife ausgeglichen. Diese Analogie wird uns im Alten Testament durch das Gewand des Hohepriesters vor Augen geführt. Um den Saum waren abwechselnd Glocken und Granatäpfel genäht: Die Glocken standen für die Gaben des Geistes und die Granatäpfel für die Frucht des Geistes. Wären die Glocken alle zusammen angebracht und nicht durch die dazwischenliegenden Früchte abgemildert worden, hätten sie einen schrecklichen Lärm verursacht, wenn der Priester seinen Dienst verrichtete. Mit den Früchten dazwischen machten die Glocken jedoch eine schöne Musik. Vielleicht ist das das Bild, das Paulus vor Augen hatte, als er schrieb:

Wenn ich in den Sprachen der Menschen spreche und auch der Engel, habe aber keine Liebe, bin ich ein tönendes Metall oder ein kreischendes Becken geworden. Wenn ich Prophetie habe und alle Geheimnisse weiß und alle Erkenntnis und wenn ich allen Glauben habe, um Berge zu versetzen, habe aber keine Liebe, bin ich nichts. Und wenn ich meinen ganzen Besitz als Spende verteilen will und wenn ich meinen Leib preisgeben will, damit ich brennen soll, habe aber keine Liebe, werde ich nichts nützen.[131]

---

[130] Epheser 4,1-6; 1. Petrus 4,7-11; Kolosser 2,5.
[131] 1. Korinther 13,1-3.

Fragen zum Weiterdenken

1. Warum wird die biblische Lehre über die Gaben des Geistes in den meisten Großkirchen heute weitgehend vernachlässigt?

2. Warum ist es wichtig, dass sie gelehrt werden?

3. Warum ist es wichtig, die freie Ausübung der geistlichen Gaben zuzulassen?

4. Was sind die Gaben des Geistes?

5. Wer stellt diese Gaben zur Verfügung und wie sollen sie verwendet werden?

6. Warum brauchen wir „etwas mehr" in unserem persönlichen Leben und in unseren Gemeinden?

7. Kann der Einsatz von Geistesgaben praktisch sein?

8. Nenne einige Bibelstellen, die von den Gaben des Geistes handeln.

9. Kann man die Gaben des Geistes in Talente und natürliche Fähigkeiten einerseits und übernatürliche Manifestationen andererseits einteilen? Warum bzw. warum nicht?

10. Warum fühlen wir uns mit manchen Gaben wohler als mit anderen?

11. Besprecht die verschiedenen Gaben und wie sie sich manifestieren.

12. Was ist der Beweis für das Vorhandensein der Gaben des Geistes?

13. Was ist ein häufiger Fehler, in den viele bei der Ausübung der Geistesgaben im Gottesdienst verfallen? Wie kann das vermieden werden?

14. Wer kann diese geistlichen Werkzeuge erhalten?

15. Wer entscheidet, welche Gaben gegeben werden und an wen?

16. Ist es in Ordnung, um eine bestimmte Gabe zu bitten?

17. Wie finden wir unsere geistlichen Gaben?

18. Können deine natürlichen Talente und Fähigkeiten als geistliche Gaben betrachtet werden?

19. Können geistliche Gaben missbraucht werden? Wie kann das verhindert werden?

Nachtrag zu Kapitel 9

Im zweiten Kapitel habe ich etwas über meine persönliche Suche nach einer tieferen Beziehung zu Gott erzählt. Nach mehreren Monaten der Suche erlebte ich einen Zerbruch, der notwendig ist, um alles zu empfangen, was Gott uns schenken will. Im Frühjahr 1983 wurden Jackie und ich von einem ortsansässigen Christen kontaktiert, den wir bisher nur dem Namen nach kannten. Er wollte uns einen kurzen Kurs in Christsein schenken, der als „Der Weg nach Emmaus" bekannt ist. Dieses Programm umfasst drei Tage des Studiums und des Austauschs in Form von Einkehrtagen und soll geistliche Leitung in der Gemeinde stärken und aufrichten. Die Männer durchlaufen das Programm an einem bestimmten Wochenende und ihre Ehepartner nehmen zwei Wochen später daran teil. In den Richtlinien wird dringend empfohlen, dass beide Ehepartner teilnehmen. Ich zögerte ein wenig, aber Jackie wollte unbedingt mitmachen, also stimmte ich zu. Wir schickten unsere Bewerbungen ein und wurden beide im Juni desselben Jahres für den Kurs (sowohl für die Männer als auch für die Frauen) zugelassen.

Gott nutzte diese Auszeit von der Arbeit und dem Alltag, um meine Sehnsucht nach „etwas mehr" zu stillen. An einem späten Abend während dieser Tage saß ich nach einer Zeit der Anbetung und des Gebets still im vorderen Teil des Altarraums, wo nur zwei oder drei andere Männer saßen, die ebenfalls ins Gebet vertieft waren. Meine Liebe zu Gott war am Wachsen, ebenso wie meine Wertschätzung für seine Gnade in meinem Leben. Ich war zu der Erkenntnis gelangt, dass ohne eine dauerhafte und lebendige Beziehung zu Gott alle anderen Bemühungen im Leben sinnlos sind. Als ich in dem abgedunkelten Altarraum zu Füßen des Kreuzes an der Wand auf dem Boden saß, segnete Gott mich mit der Taufe in seinem Geist. Die Liebe Gottes, die vom Kreuz herabströmte, war mit Händen zu greifen. Am besten könnte ich das Gefühl mit „flüssiger Liebe" beschreiben. Diese Liebe strömte in mein Herz, bis es sich anfühlte, als würde es explodieren. Dann brach sie aus meinem Inneren hervor und floss nach außen, bis mein ganzes Wesen davon erfasst wurde.

Ich wusste, dass ich verändert war. Ich hatte Gott schon vorher gekannt, aber ich hatte seine Gegenwart noch nie auf eine so persönliche und kraftvolle Weise erlebt. An diesem Abend pflanzte Gott eine

Kraft in mich ein, so wie er es vor langer Zeit mit den versammelten Jüngern im Obergemach getan hatte. Ich fühlte mich lebendig wie nie zuvor! Ich war von einer Liebe berührt worden, die so stark war, dass alles andere im Vergleich dazu verblasste; eine Liebe, die alles andere ins rechte Licht rückte. In den darauffolgenden Wochen wuchs meine Leidenschaft für Gott weiter. Ich konnte gar nicht genug von seinem Wort bekommen und konnte auch nicht genug Zeit im Gebet und mit Anbetung verbringen, um meine Liebe zu ihm auszudrücken.

Drei Wochen nach diesem besonderen Abend, als ich allein in meinem Wohnzimmer betete, sagte ich Gott, wie sehr ich ihn liebte und das Werk schätzte, das er in meinem Leben und in Jackies Leben tat. Ich betete hörbar, aber sehr leise. Nach einiger Zeit hatte ich alle Möglichkeiten ausgeschöpft, die ich kannte, um verbal auszudrücken, was in meinem Herzen war, aber ich wollte diese intime Zeit mit meinem Vater nicht verlassen. Also verweilte ich weiter. Bald merkte ich, dass ich weiterhin laut betete und meine Liebe zu ihm zum Ausdruck brachte, aber mit Worten, die meinem Verstand unbekannt waren. Der Geist unterstützte meine Gebete und den Wunsch meines Herzens, meinen himmlischen Vater zu loben (vgl. Römer 8,26). Das war meine persönliche Einführung in eine der Erscheinungsformen der Gabe der Zungenrede, die viele als „Gebetssprache" bezeichnen.[132] Diese Gabe ist seither ein aktiver und wichtiger Teil meines geistlichen Weges.

---

[132] 1. Korinther 14,2.

Kapitel 10

Sein Wirken im Leib Christi

Bis jetzt hat sich der Großteil dieses Buches auf die Beziehung zwischen dem Heiligen Geist und dir als einzelne(r) Gläubige(r) konzentriert. Jetzt ist es an der Zeit, dass wir uns darauf fokussieren, wie der Geist im Leib Christi wirkt. *Was* versucht er in uns, durch uns und unter uns zu tun? Und *wie* will er es tun?

Psalm 133 spricht darüber, wie schön es ist, wenn das Volk Gottes eins ist:

> *Siehe, wie gut und wie lieblich ist es, wenn Brüder einträchtig beieinander wohnen. Wie das edle Öl auf dem Haupt, das herabfließt auf den Bart, auf den Bart Aarons, der herabfließt auf den Halssaum seiner Kleider. Wie der Tau des Hermon, der herabfließt auf die Berge Zions. Denn dorthin hat der HERR den Segen befohlen, Leben bis in Ewigkeit* (Psalm 133,1-3).

Mose goss das Salböl über Aaron, um ihn für den Dienst in der Stiftshütte als Hohepriester zu „heiligen"[133] bzw. zu „weihen"[134]. Das deutete darauf hin, dass Aaron mit Gottes Vollmacht gesalbt wurde, wodurch er die Mittel und die Anweisung für seine Aufgabe erhielt und – gänzlich mit dieser Vollmacht erfüllt – für Gottes Werk vorbereitet und gereinigt wurde.[135] Öl wird in der ganzen Heiligen Schrift immer wieder als Symbol für den Heiligen Geist verwendet.[136] Der

---

[133] 3. Mose 8,12.

[134] 3. Mose 8,12.

[135] James Strong L.L.D., S.T.D., Strong's Exhaustive Concordance of the Bible (Nashville, TN: Thomas Nelson, Inc. 1995) Hebräisch #3027, 4390, 6942.

[136] Jakobus 5,14.

Berg Hermon war eine der Festungen der Anakim (der Riesen), als Mose und die Kinder Israels in das Land östlich des Jordans kamen.[137] Es handelte sich dabei um dieselbe Ethnie von Riesen, die die israelitischen Spione vierzig Jahre zuvor gesehen hatten. Damals hatte der Bericht darüber bei den älteren Israeliten Zweifel und Furcht ausgelöst und dazu geführt, dass sie nicht so schnell in das Land Kanaan einziehen konnten, wie Gott es gewollt hatte.[138]

In der Heiligen Schrift steht der Tau für Gottes Gunst und Segen. Die Gunst des Königs *„ist wie Tau auf dem Gras".[139]* Das Manna in der Wüste kam mit dem Tau[140] und der „Tau des Himmels" war eine häufig verwendete Metapher, wenn es darum ging, andere zu segnen.[141] Die Berge von Zion stehen für Jerusalem und Gottes Wohnung bei den Menschen. Welches Bild versucht der Psalmist zu zeichnen, wenn er die Einheit unter den Brüdern mit der Salbung Aarons und dem Tau des Hermon vergleicht, der auf die Berge Zions herabfällt? Unsere Einheit im Heiligen Geist verleiht uns gesalbte Kraft und Reinheit, bringt uns den Sieg über unsere Feinde, befähigt uns, das Land der Verheißung (d. h. den Ort der Ruhe) in Besitz zu nehmen, und bringt Gottes Gegenwart und Segen über uns! Das ist doch mal ein Bild! Ist es da ein Wunder, dass Paulus uns ermahnt, uns zu bemühen, *„die Einheit des Geistes einzuhalten im Band des Friedens"?[142]* Die Einheit des Leibes der Gläubigen in der Kraft des Heiligen Geistes ist nicht nur wünschenswert, sondern absolut notwendig, wenn wir geistliche Kraft und Reife im Glauben haben und über Satan siegen wollen.

Wir kommen als Einzelpersonen zu Christus, und jeder muss seine eigene Entscheidung treffen, ihm zu folgen. Aber sobald wir in sein Reich eintreten, sind wir keine Einzelgänger mehr. Unsere zukünftigen Siege und unser Wachstum werden nicht mehr nur durch unsere Beziehung zum Herrn bestimmt, sondern auch und gleichermaßen durch unsere Beziehung zu unseren Mitgläubigen. Paulus schrieb:

---

[137] Josua 12,4-6.
[138] 4. Mose 13,32-14,10.
[139] Sprüche 19,12 (NeÜ).
[140] 2. Mose 16,14-15.
[141] 1. Mose 27,28.
[142] Epheser 4,1-3.

„Gott ... hat ... uns ... mit dem Messias lebendig gemacht ... Er hat **(uns)** *mit auferweckt und mit eingesetzt in den himmlischen Welten im Messias Jesus"*[143] Als ich diese Schriftstelle eines Tages las, wurde in mir eine Erinnerung wach. Einmal, während eines Familienausflugs mit unseren drei kleinen Söhnen hatten meine Frau und ich bald einen vertrauten Streit vom Rücksitz des Vans gehört. „Das ist meins, lass es in Ruhe!" „Du bist auf meiner Seite, rutsch rüber!" „Du fasst mich an!" „Mama, mach, dass er aufhört!" „Er atmet meine Luft!" Wie immer hatten wir zuerst versucht, sie dazu zu bringen, miteinander zu kooperieren, aber der Frieden hielt nur ein paar Kilometer an, dann ging der Streit in irgendeiner Variante weiter. Nach einer Weile hatte ich meine Grenze erreicht und sagte zu den Jungs: „Es ist mir egal, wer was mit wem macht! Ich möchte, dass ihr friedlich beieinandersitzt. Es wäre schön, wenn ihr euch vertragen könntet, und es würde die Reise sicher für alle angenehmer machen. Aber wenn ihr nichts Besseres tun könnt, *dann sitzt einfach still da!"* Ist das nicht im Wesentlichen dieselbe Anweisung, die Gott uns gibt? *„Lebt so, wie es der Berufung entspricht, die an euch erging: Seid euch der eigenen Niedrigkeit bewusst und begegnet den anderen freundlich, habt Geduld miteinander und ertragt euch gegenseitig in Liebe. Bemüht euch sehr darum, die Einheit, die der Geist Gottes gewirkt hat, durch das Bindemittel des Friedens zu bewahren."*[144] Die Einheit des Geistes zu bewahren ist entscheidend für eine „glückliche Fahrt", auch wenn das bedeutet, dass ich meinen Willen nicht bekomme!

Jesus gab uns in der Nacht seiner Verhaftung einen weiteren Einblick in die Notwendigkeit der Einheit unter den Gläubigen. Hör dir einen Teil seines Gebets für uns an: *„Ich bitte dich aber nicht nur für sie, sondern auch für die, die durch ihr Wort an mich glauben,* **damit sie alle eins seien,** *wie du, Vater, in mir und ich in dir,* **dass auch sie in uns seien,** *damit die Welt glauben soll, dass du mich gesandt hast. Die Herrlichkeit, die du mir gegeben hast, habe ich ihnen gegeben,* **damit sie eins sind,** *wie wir eins sind, ich in ihnen und du in mir,* **damit sie vollendet sind in eins,** *damit die Welt erkennt, dass du mich gesandt hast und sie liebst, wie du auch mich liebst."*[145]

---

[143] Epheser 2,4-6 (Hervorhebung vom Autor).

[144] Epheser 4,1-3 (NeÜ).

[145] Johannes 17,20-23 (Hervorhebung vom Autor).

Was ist das größte Zeugnis, das die Gemeinde der Welt je geben wird, damit sie erkennt, dass Jesus der ist, der er sagt, dass er ist? Es ist die Einheit der Gläubigen, die Art und Weise, wie wir uns gegenseitig lieben und füreinander sorgen! Was ist die größte Herrlichkeit, die wir diesseits des Himmels erfahren können? Es ist das Einssein mit unseren Brüdern und Schwestern in Christus! Was zeigt denen, die verloren sind, am deutlichsten, dass Gott sie liebt und Jesus gesandt hat, um für ihre Sünden zu sterben? Es ist unsere Liebe zueinander – dass wir im „Einssein", unserer Einheit, vollkommen gemacht werden! Einheit ist das eigentliche Wesen des Heiligen Geistes. Er hat den Sohn auf der Erde mit dem Vater im Himmel verbunden. Er legt sowohl auf der Erde als auch im Himmel Zeugnis für die Wahrheit des Evangeliums ab.[146] Er verbindet die Gemeinde auf der Erde mit ihrem „Haupt", das zur Rechten des Vaters sitzt. Welche praktischen Mittel hat Gott bereitgestellt, damit wir im Glauben reifen können? Genau dazu gibt er uns einander und ruft uns zur Einheit auf.

Die Vorstellung, man könne ohne Beziehungen zu anderen zur christlichen Vollkommenheit gelangen, ist der Heiligen Schrift fremd. Jesus spricht davon, *„vollkommen"* zu sein, wenn es darum geht, seine Feinde zu lieben[147] und den Armen zu geben,[148] und natürlich, wie oben erwähnt, im Zusammenhang mit der Einheit mit anderen Gläubigen. Von Jesus wird gesagt, dass er durch das, *„was er litt"*, vollendet worden ist.[149] Er hat nicht wegen sich selbst gelitten, sondern für uns, für unsere Sünden. Mit anderen Worten: Jesus wurde vollendet, als er sich gehorsam für uns hingab. Die deutlichste Lehre von Paulus über das Streben nach geistlicher Vollkommenheit findet sich im Brief an die Gemeinde in Philippi. Er erkannte und bekannte zwar, dass er die Vollkommenheit noch nicht erreicht hatte,[150] verstand aber die Mittel:

Wenn es (bei euch) nun Ermutigung im Messias gibt, wenn Zuspruch der Liebe, wenn Teilhabe am Geist, wenn Herzlichkeit und Erbarmen, dann macht meine Freude damit voll, dass ihr dieselbe

---

[146] 1. Johannes 5,7-8.
[147] Matthäus 5,43-48.
[148] Matthäus 18,21.
[149] Hebräer 5,8-9.
[150] Philipper 3,12.

108

Gesinnung habt, dieselbe Liebe habt, eure Gedanken auf das Eine gerichtet sind, (dass es) weder Konkurrenz noch Angeberei (bei euch gibt), sondern ihr mit Bescheidenheit einander für Höherstehende haltet, dass nicht jeder (nur) auf das Seine achtet, sondern jeder auch auf das der anderen! Habt die Gesinnung in euch, die auch im Messias Jesus ist: Obwohl er in Gottes Gestalt war, hielt er es nicht (fest wie) einen Raub, Gott gleich zu sein, sondern er beraubte sich selbst, nahm Gestalt eines Sklaven an und kam ins Abbild von Menschen. In der Gestalt wie ein Mensch erschienen, erniedrigte er sich und wurde gehorsam bis zum Tod – zum Tod am Kreuz.[151]

Der Punkt ist ziemlich klar, oder? Wenn du wirklich nach geistlichem Wachstum und Vollkommenheit strebst, wirst du versuchen, deinen Mitmenschen zu dienen, vor allem denen, die zur *„Glaubensfamilie"* gehören.[152] Du wirst die Bedürfnisse der anderen wichtiger nehmen als deine eigenen. Du wirst bereit sein, auf alle Rücksicht zu nehmen und allen gegenüber Gnade walten zu lassen. Du wirst langsam darin sein, dich zu ärgern, und schnell, zu vergeben. Erkennst du, dass du das nicht ohne den Leib der Gläubigen um dich herum tun kannst? Du kannst unmöglich wachsen, wenn du ein geistlicher Einsiedler mit der Einstellung wirst: „Alles, was ich brauche, bin ich, meine Lobpreis- und Anbetungs-CDs und die Bibel." Es ist so verlockend zu denken: „Ich könnte so ein starker Christ sein, wenn ich mich nicht mit all den schwierigen Leuten in der Gemeinde herumschlagen müsste!" Mach dir klar: Das ist genau das, was Satan dich glauben lassen will. Genau aus diesem Grund gibt Gott uns einen objektiven Maßstab, an dem wir unser geistliches Wachstum messen können: *„Wir wissen, dass wir aus dem Tod ins Leben gegangen sind, weil wir die Geschwister lieben."*[153] Beachte bitte, dass hier nicht steht: „… weil wir die Brüder lieben, mit denen man gut auskommt und die uns nicht auf die Nerven gehen!" Ich möchte mich klar ausdrücken:

Wir brauchen einander!

---

[151] Philipper 2,1-8.
[152] Galater 6,10 (NeÜ).
[153] 1. Johannes 3,14.

Es ist, als würden wir alle zusammen in eine große Steintrommel geworfen. Gott benutzt deine Ecken und Kanten, um meine Ecken und Kanten abzuschlagen und umgekehrt. Wenn wir ausharren und wachsen, wenn wir uns der Vorherrschaft Christi unterwerfen, wenn wir unser Recht auf Rechthaben aufgeben, wenn wir Christus die Kontrolle überlassen, wenn wir nicht aus der Trommel aussteigen, weil es ein bisschen weh tut, drin zu bleiben, dann werden wir schließlich alle geglättet, poliert und vervollkommnet daraus hervorgehen. Wenn dich nie jemand beleidigt, wie willst du dann Vergebung lernen? Wenn dich nie jemand korrigiert, wie weit wirst du dann vom Weg abkommen? Wenn du nie auf die Probe gestellt wirst, wie soll dein Glaube dann wachsen? Wenn du dich nie im Spiegel eines anderen siehst, wie kannst du dann deine Unvollkommenheit erkennen? Klingt ein bisschen hart, nicht wahr? Aber die Verheißung ist sicher. Wenn du *dein* „Zeug" aufgibst und ich *mein* „Zeug" und wir zusammenkommen, um Gottes „Zeug" zu suchen, werden wir uns *„mit unaussprechlicher und herrlicher Freude [freuen] und das Ziel [unseres] Glaubens [empfangen], die Rettung der Seelen."[154]* Wir werden nie alles ganz genau richtig herausfinden. Und selbst wenn es so wäre, würden wir es trotzdem nicht immer richtig machen. Unsere Kenntnis der Heiligen Schrift und der Lehre wird nie perfekt sein, ebenso wie unsere Bemühungen im Dienst und die Verwendung der geistlichen Gaben. Aber die wichtigste Verheißung der Bibel lautet: *„Liebe deckt ja eine Menge Sünden zu."[155]*

Es ist kein Wunder, dass Satan so hart daran arbeitet, Uneinigkeit in der Gemeinde zu stiften. Uneinigkeit ist das Gegenteil dessen, was der Heiligen Geist wirkt. Wenn Satan uns dazu verleiten kann, uns zu streiten und zu zanken, wird die daraus resultierende Uneinigkeit den Heiligen Geist unterdrücken, unser Zeugnis zunichtemachen und eine Lücke in unseren Schutz reißen, denn Einheit ist unser größtes Zeugnis und unser größter Schutz. Deshalb sagte Paulus der Gemeinde in Korinth: *„Und wenn ihr ihm vergebt, dann (vergebe) ich auch. Wenn ich (ihm) vergebe, dann vergebe ich ja wegen euch, im Angesicht des*

---

[154] 1. Petrus 1,8-9 (Hervorhebung vom Autor).
[155] 1. Petrus 4,8.

Messias, damit wir nicht vom Satan übervorteilt werden. Über dessen Gedanken sind wir ja nicht unwissend. "[156]

Ich möchte auch dieses Kapitel mit Worten von Paulus an die Gemeinde in Ephesus abschließen:

Und macht nicht den Heiligen Geist Gottes traurig, mit dem ihr versiegelt wurdet auf den Tag der Erlösung hin! Alles, was Bitterkeit ist, Wut, Zorn, Geschrei und Lästerung muss von euch weggetan werden samt allem Üblen! Werdet zueinander freundlich, herzlich, wendet euch einander zu, wie auch Gott sich euch zugewandt hat im Messias![157]

Fragen zum Weiterdenken

1. Warum salbte Mose Aaron mit Öl, und was bedeutete das?

2. Was (oder wen) stellt das Salböl dar?

3. Welches Bild wird gezeichnet, wenn man die Einheit unter den Geschwistern mit der Salbung Aarons und dem Tau des Hermon vergleicht, der auf die Berge Zions herabfällt?

4. Warum ist diese Einheit unter den Geschwistern so wichtig?

5. Welche Anweisung gibt uns Gott in Epheser 4,1-3?

6. Was ist das größte Zeugnis, das die Gemeinde der Welt geben kann?

7. Warum ist Einheit ein so starkes Zeugnis?

8. Wen bindet der Heilige Geist zusammen?

9. Wie wurde Jesus vollendet? (S. Hebräer 5,6-9)

10. Wie können wir in ähnlicher Weise auf Vollkommenheit (geistliches Wachstum) hinarbeiten?

11. Woher wissen wir, dass wir vom Tod ins Leben übergegangen sind?

12. Welche Verheißungen werden in 1. Petrus 1,8-9 und 1. Petrus 4,8 gegeben, und was müssen wir tun, um sie zu erlangen?

---

[156] 2. Korinther 2,10-11.
[157] Epheser 4,30-32.

Kapitel 11

Sein Wirken in der Missionsarbeit: Übergangszeiten

Im Vorwort habe ich erwähnt, dass Jackie und ich 2016 in den Vollzeitdienst in der Auslandsmission gegangen sind. Dieser Weg begann schon 2012 und in gewisser Weise sogar bereits 1985. Ich möchte erläutern, wie der Heilige Geist den Weg unseres Lebens treu gelenkt hat, um uns wirklich ein Leben in Fülle zu schenken und hoffentlich auch, um seinem Namen Ehre zu machen und viele Söhne und Töchter in das Königreich zu bringen. „Leben in Fülle" bedeutet dabei allerdings nicht ein „leichtes" oder „risikofreies" Leben; tatsächlich erfordert ein Leben in Fülle meistens, dass man auf Anweisung des Herrn einige Risiken eingeht und einige Unannehmlichkeiten erleidet. In der Bibel heißt es immer wieder: *„Der Gerechte wird aus Glauben leben"* (s. Habbakuk 2,4; Römer 1,17; Galater 3,11; Hebräer 10,38).

Das ist nicht dasselbe wie „blinder Glaube", wie manche behaupten. Echter Glaube ist überhaupt nicht blind! Glaube ist die Art und Weise, wie du mit deinem Geist klar siehst, was du mit deinen physischen Sinnen oder deinem natürlichen Verstand nicht sehen kannst. Wenn du Jesus gut kennenlernst, bringt er dich an einen Ort des uneingeschränkten Vertrauens in seine Güte und Treue. Dieses Vertrauen versetzt dich in die Lage, auf sein Wort zu hören, auch wenn du mit deinen natürlichen Sinnen nicht erkennen kannst, wie die Dinge sich entwickeln werden. Im Glauben zu leben bedeutet, bereit zu sein, dem Charakter des Herrn und seiner Führung für dein Leben zu vertrauen, auch wenn du die Details nicht verstehst. Der Glaube konzentriert sich auf den Charakter und das Wort des Herrn und nicht auf die Umstände, die dich umgeben.

Kurz nachdem wir mit dem Heiligen Geist erfüllt worden waren, begannen wir, dieses Gebet zu beten: „Herr, so soll es sein: Du machst uns deinen Willen klar, und wir werden ihn mit deiner Hilfe tun. Wir müssen nicht alle Details verstehen und es muss für uns nicht einmal Sinn ergeben, aber wir wollen nicht unser ganzes Leben damit verbringen, uns zu fragen, was du von uns willst. Du machst es uns klar, und genau das werden wir tun, mit deiner Befähigung. So verstehen wir dieses Buch (die Heilige Bibel). Es ist deine Aufgabe, uns zu leiten. Es ist unsere Aufgabe, dir zu gehorchen."

Der Herr hat diesen einfachen Glauben öfter als ich mich erinnern kann geehrt, indem er uns durch Worte, Träume, Visionen und Umstände eine klare Anweisung gab. Ich möchte hier erklären, wie deutlich der Herr wiederholt zu uns gesprochen hat, um uns mit den Menschen in Verbindung zu bringen, mit denen wir in der Auslandsmission arbeiten sollten. Dieser Teil unserer Geschichte beginnt 1985, zwei Jahre nachdem wir mit dem Heiligen Geist erfüllt worden waren. Ich war damals ruhelos und frustriert. Wir hatten versucht, anderen in unserer örtlichen Gemeinde von der wunderbaren Taufe im Heiligen Geist zu erzählen, die den Gläubigen zuteilwird. Aber nicht viele waren dafür empfänglich. Heute weiß ich, wie unreif wir waren und welche Fehler wir gemacht haben, aber wir waren wirklich frustriert und wollten mehr Menschen für die tieferen Dinge Gottes empfänglich machen. Einige Monate lang begannen Jackie und ich, den Herrn zu bitten, uns freizusetzen, eine andere Gemeinde zu besuchen. Wir wussten jedoch, dass wir nicht einfach vor etwas davonlaufen durften, nur weil es unbequem oder schwierig war. Wir wollten nur gehen, wenn der Herr uns deutlich machte, dass wir seinen Segen für diese Veränderung hatten.

Eines Sonntagmorgens, nicht lange nachdem ich den Herrn um die Erlaubnis gebeten hatte, eine andere Gemeinde zu besuchen, betrat Eddie, ein junger Mann, die Sonntagsschulklasse, die ich gerade unterrichtete, nachdem der Unterricht begonnen hatte. Ich kannte ihn noch von vor etwa zehn Jahren, als wir in einer christlichen Jugendgruppe an der Highschool ein paar Mal zusammen gebetet hatten. In den darauffolgenden Jahren hatte ich Eddie weder gesehen noch gesprochen. Eddie war, was Beziehungen anging, schon immer ein wenig unbeholfen gewesen. Nach dem Unterricht ging er nach draußen in einen Seitengang der Gemeinde, wo ich ihn einholte. „Eddie! Schön, dich zu sehen!", sagte ich. Ohne ein Wort der Begrüßung zeigte Eddie mit dem Finger auf mich und sagte: „Ich weiß nicht, was mit dir los ist, aber ich habe gestern Abend gebetet und der Herr hat mir gesagt, dass ich heute hierherkommen und dir diese Botschaft überbringen soll. Er hat dich genau da, wo er dich haben will. Er will, dass du in dieser Gemeinde bleibst und arbeitest, bis er sagt, dass es Zeit ist zu gehen. Wenn es Zeit für dich ist zu gehen, wird er es dir sagen." Eddie war an diesem Morgen aus der zwei Stunden entfernten Stadt Nashville angereist, um diese Botschaft zu überbringen. Unmittelbar danach machte er sich auf den Heimweg. Er blieb nicht zum Gottesdienst. Er wollte auch nicht, dass ich ihn zum Mittagessen einlud. Er überbrachte einfach seine Botschaft und ging wieder!

Das erregte definitiv meine Aufmerksamkeit! Eddie konnte nicht wissen, was wir gebetet hatten, aber der Herr benutzte ihn, um unser Gebet auf eine sehr klare Weise zu beantworten. Damit war es für uns entschieden. Der Herr hatte klar gesprochen, und so hörten wir auf, darum zu bitten, gehen zu dürfen, und begannen, um mehr Möglichkeiten zu bitten, dort zu dienen, wo wir waren. Wir führten diesen Kurs auch in den folgenden siebenundzwanzig Jahren durch und erlebten dabei die erstaunliche Erweckung in unserer Gemeinde, von der an anderer Stelle in diesem Buch die Rede ist. In diesen Jahren lernten wir auch, wie wichtig es ist, langfristig zu denken, wenn es um die Berufung des Herrn für unser Leben geht. Du musst bereit sein, mit ganzem Herzen dort zu arbeiten, wohin der Herr dich ruft. Du musst bereit sein, dich dort, wo du bist, in die Menschen zu investieren, als würdest du den Rest deines Lebens dort verbringen. Das heißt nicht, dass der Herr dich nicht irgendwann an einen neuen Ort versetzen wird; das tut er vielleicht oder auch nicht. Aber du musst bereit und dankbar sein, dort zu arbeiten, wo auch immer er dir die Gelegenheit dazu gibt.

Im Laufe der Jahre habe ich viele Menschen am Arbeitsplatz, im Dienst und in der Mission kennengelernt, die so sehr damit beschäftigt sind, „was als Nächstes kommt", dass sie die Chancen der Gegenwart für sich und andere weitgehend verpassen. Sie ziehen weiter von Ort zu Ort und suchen nach ihrer eigenen Identität und Bedeutung. Normalerweise fühlen sie sich nie mit dem Team um sie herum verbunden. Ohne es zu merken, dienen sie anderen oft aus ihrem eigenen Bedürfnis heraus, gebraucht zu werden, anstatt aus wahrer Liebe und Unterordnung unter den Ruf des Herrn. Ich verstehe diesen Kampf, aber es ist eine Täuschung. Es ist eine sich selbst erfüllende negative Prophetie. Der Hauptgrund dafür, dass sie sich nicht mit den Menschen um sie herum verbunden fühlen, ist, dass sie nie in ihrem Herzen beschlossen haben, sich dort, wo der Herr sie hingesetzt hat, voll zu investieren. Das führt dazu, dass sie unbewusst immer misstrauisch gegenüber Teammitgliedern sind, vor allem gegenüber der Leitung; sie suchen immer nach einem Grund, der es rechtfertigt, zum nächsten Ort weiterzuziehen. Ohne es zu merken, raubt ihnen ihre Mentalität der Kurzfristigkeit genau das, was sie sich wünschen: langfristige, hochwertige Beziehungen zu Freunden, Familie und Kollegen. Mangelndes Engagement führt zu mangelndem Vertrauen. Wir müssen die besten und hochwertigsten Beziehungen aufbauen und pflegen, indem wir Herausforderungen und Konflikte gemeinsam bewältigen. Für Gläubige bedeutet das, dem biblischen Vorbild in Matthäus 18 zu folgen und dem Heiligen Geist zu erlauben, unsere Herzen zu heilen und unseren Charakter reifen zu lassen. Auf diese Dynamik bin ich im vorherigen Kapitel „Sein Wirken im Leib Christi" eingegangen.

Sobald du jedoch eine langfristige, vollengagierte Haltung einnimmst, unterwirfst du dich wahrhaftig und völlig Jesus als dem Herrn deines Lebens und vertraust darauf, dass er dich leitet, unabhängig von deinen persönlichen Vorlieben und dem, was du für dein Leben für das Beste hältst. Wenn du wirklich an den Herrn glaubst, weißt du, dass sein Wille für dein Leben besser ist als dein Wille für dein Leben, also wirst du dich ihm wirklich unterordnen und ihm erlauben, dich zu führen. Du wirst seiner Liebe und seinem Wissen mehr vertrauen als deiner eigenen Meinung. Das ist der Weg zu wahrer Freude.

Im Januar 2012 wachte ich eines Morgens auf und hatte einen sehr klaren Eindruck vom Herrn: „Es ist an der Zeit, dein Geschäft zu verkaufen und Vollzeit in die Auslandsmission zu gehen." Ich dachte etwa eine Woche lang darüber nach und fragte dann Jackie, ob sie das Gefühl habe, dass der Herr etwas Besonderes zu uns spricht. Sie lachte ein wenig und sagte: „Ja. Ich habe nur darauf gewartet, dass du mich fragst." „Okay", sagte ich. „Was hörst du?" Sie antwortete:

„Oh, er sagt, dass es an der Zeit ist, unser Geschäft zu verkaufen und Vollzeit in die Auslandsmission zu gehen!" Wieder einmal hatte der Herr es klar gemacht!

Am nächsten Tag sprach ich mit meinem langjährigen Geschäftspartner und wir begannen den Verkaufsprozess. Im September desselben Jahres war die Praxis verkauft. Teil der Vereinbarung war, dass ich für drei Jahre als medizinischer Leiter bleiben würde. Wir hatten nun einen Zeitplan für die weitere Vorbereitung und den Übergang zur Mission. Und was für drei Jahre das werden sollten! Jackie geht im Nachwort dieses Buches noch genauer auf diese Zeit ein.

Ohne hier ins Detail zu gehen, möchte ich nur sagen, dass es eine intensive Zeit war, in der wir lernten, uns mehr und mehr auf den Heiligen Geist zu verlassen. Jackie war die wichtigste Pflegerin ihrer alternden Eltern, die wir zehn Jahre zuvor in unser Haus geholt hatten. In den nächsten zwei Jahren verstarben ihre beiden Eltern (88 und 89 Jahre alt). Bei Jackie wurde eine aggressive Form von Brustkrebs diagnostiziert, aber der Herr versicherte uns schnell, dass es sich nicht um eine Krankheit zum Tode handelte. Sie überstand mehrere Operationen, postoperative Infektionen und Chemotherapiebehandlungen mit einer erstaunlichen Freude. Ihre Freude war für viele ein Zeugnis für die Güte Gottes. Während dieser Zeit machte sie auch ihren Bachelor-Abschluss in Psychologie und Christlicher Beratung! Auf Geheiß des Heiligen Geistes schrieb ich mich für das Theologische Seminar ein und erwarb dort einen Abschluss als Master of Divinity (eine Qualifikation für den pastoralen Dienst). Damals wusste ich noch nicht, wozu der Herr mich diesen Abschluss machen ließ. Ich hatte eigentlich kein starkes Verlangen danach und es schien mir nicht klug, mir in dieser ohnehin schon herausfordernden Zeit unseres Lebens noch mehr Arbeit aufzuladen. Erst ein paar Jahre später wurde mir klar, warum der Herr mich zu diesem Schritt angewiesen hatte. Ich werde später mehr dazu sagen. So schwierig diese Zeit in mancher Hinsicht auch war, so sehr wuchsen wir beide in diesen Jahren in der Freude und Vertrautheit mit dem Herrn. Der Herr bereitete uns auf das Neue vor, zu dem er uns berufen hatte.

Wir hatten den Herrn auch gefragt, mit wem wir auf dem Missionsfeld zusammenarbeiten sollten. Es gibt so viele Organisationen, die eine großartige Arbeit für den Herrn in der Mission leisten, aber wir wollten einfach dort sein, wo er uns haben wollte. Wir hatten ein paar „Fühler" zu verschiedenen Gruppen ausgestreckt, aber nichts schien genau das Richtige zu sein. Im Oktober 2013 brachte mir mein Freund und Pastor, mit dem ich mich jeden Dienstagmorgen zum Kaffee und zur persönlichen Rechenschaft traf, eine Ausgabe der Zeitschrift *Christianity Today*. Darin stand ein Artikel über *Iris Global Ministries* und Heidi Baker. Ich hatte noch nie von diesem Dienst gehört. Doch als ich den Artikel las, spürte ich sofort, wie sich der Heilige Geist in mir regte. Ich besuchte ihre Website und was ich sah, gefiel mir. Ich bestellte drei ihrer Bücher und las sie. Bei jedem Schritt spürte ich das anhaltende Ziehen des Heiligen Geistes. Ich nahm den Artikel mit nach Hause, damit Jackie ihn auch lesen konnte, und auch sie spürte das Ziehen des Heiligen Geistes. Eine weitere Bestätigung! Während dieser Zeit hatte der Herr Jackie im Gebet den Ländernamen „Mosambik" gegeben. Sie musste nachschlagen, um zu sehen, wo es liegt. Aus diesem Artikel erfuhren wir dann, dass *Iris Global* seinen Hauptsitz in Pemba in Mosambik hat. Wir hatten das Gefühl, dass der Herr uns sagte, wir sollten nach Mosambik gehen und er würde uns mit denen in Verbindung bringen, mit denen wir zusammenarbeiten sollten.

Im Januar 2014 zog eine neue Familie in unsere Gegend und begann, in unsere Gemeinde zu kommen. Ich erfuhr, dass sie die *Harvest School of Missions*[158] mit *Iris Global* in Pemba besucht hatten! Deshalb sprach ich mit dem jungen Mann und er bestätigte dies und hatte nur Gutes über die Organisation und die *Harvest School* zu sagen. Drei Wochen später, an einem Sonntagmorgen, kam ich, um das Bibelstudium für Erwachsene zu leiten, das ich seit 1983 immer wieder unterrichtet hatte. In der letzten Reihe saß ein Mann, der neu im Kurs war. Ich ging zu ihm hin und stellte mich vor, woraufhin er antwortete: „Hallo, ich bin Tony Maxwell". „Tony Maxwell, der Tierarzt, der früher in Pikeville, Tennessee, praktiziert hat?", fragte ich. Ich kannte seinen Namen, weil er jahrzehntelang nur etwa eine Stunde von meiner Praxis entfernt praktiziert hatte, aber wir waren uns nie begegnet. „Ja." „Was ist mit dir passiert?", fragte ich. „Du bist vor etwa zehn Jahren verschwunden. Jemand erzählte mir, dass er dachte, du seist in den vollzeitlichen Dienst gegangen." „Ja, das bin ich", sagte er. „Meine Frau Pamela und ich sind die Leiter der *Harvest School*

---

[158] Eine Art Jüngerschaftsschule für Mission.

of Missions in Pemba, Mosambik." Mein Herz schlug schneller. Tony konnte nicht wissen, auf welchem Weg Jackie und ich uns befanden, aber ich spürte, dass der Herr es uns wieder einmal „klar machte".

Tony war an diesem Morgen auf Anregung eines Pastors in Nashville, der von der Heilig-Geist-Bewegung bei uns gehört hatte, in unsere Gemeinde gekommen. Tony war Sprecher auf einer Konferenz in Nashville und hatte diesen Pastor um eine Empfehlung für eine Gemeinde in der Gegend gebeten. Der Pastor hatte ihm vorgeschlagen, zu unserer Gemeinde in Livingston, Tennessee, zu kommen – zwei Stunden entfernt! Vom Heiligen Geist geleitet, fand Tony den Weg in meinen Kurs und setzte sich an denselben Platz, an dem Eddie Jahre zuvor gesessen hatte. Gott schickte Eddie, um uns zu sagen, dass wir bleiben sollten. Gott schickte Tony, um zu bestätigen, wann und wohin wir gehen sollten! Jahre später, bis zum heutigen Tag, an dem ich diese Zeilen schreibe, sind Tony und Pamela gute Freunde und Partner im Dienst geworden.

Mit dieser Bestätigung machten wir Pläne, die erste *Iris Global Harvest School* zu besuchen, die uns nach meiner offiziellen Pensionierung zur Verfügung stand. In der Zeit zwischen der Berufung zur Mission im Jahr 2012 und der Möglichkeit, die Harvest School im Jahr 2016 zu besuchen, hatte ich die Gelegenheit, meine ersten Reisen nach Ostafrika (2012 und 2016, mit einer anderen Organisation) und in andere Länder zu machen. Mehr über diese Zeit werde ich später in diesem Buch berichten.

Im Mai 2016 begannen wir unsere Reise zur Harvest School in Pemba. In der darauffolgenden Zeit hatte uns der Herr im Gebet angewiesen, dass er uns in Mosambik mit denjenigen in Verbindung bringen würde, mit denen wir direkt zusammenarbeiten sollten. Wir trafen dort Josh Muse, den Leiter von *Kaleo International Ministries,* und spürten sofort die Bestätigung durch den Heiligen Geist. Nachdem wir ihn sprechen gehört hatten und Jackie und ich uns sicher waren, dass er die Person war, mit der der Herr uns verbinden wollte, gingen wir auf ihn zu, um uns vorzustellen. Noch bevor ich meinen Namen sagen konnte, hob Josh seine Hand, als wolle er uns stoppen, und sagte: „Ich spüre es auch, Bruder!" Wow, das nenne ich eine Bestätigung! Also meldeten wir uns an, um mit Kaleo als Langzeitmissionare zu arbeiten. Jetzt, wo ich dieses Buch schreibe, sind wir schon mehr als sieben Jahre bei Kaleo. Ich kann wahrheitsgemäß sagen, dass es eine Reise des Glaubens, der Fruchtbarkeit, der Herausforderungen und des Lernens war und ist.

Der Herr hat unsere Gebete um Führung erneut erhört. Er hat uns treu dorthin geführt, wo er uns haben wollte, und zu den Menschen, mit denen wir zusammenarbeiten sollten. Der Herr wird dich immer leiten, wenn du bereit bist, ihm gehorsam zu sein. Eines der größten Hindernisse, klar vom Herrn zu hören, ist meiner Meinung nach, dass viele Menschen wollen, dass der Herr ihnen sagt, was er von ihnen will, damit sie es als eine Option „in Erwägung ziehen" können, als handele es sich nur um einen Vorschlag des Herrn. Es stimmt zwar, dass wir den freien Willen haben, dem Ruf des Herrn zu gehorchen oder nicht, aber wenn du dir nicht von vornherein vornimmst, dem zu gehorchen, was er dir offenbart, ist deine eigene Einstellung wahrscheinlich das größte Hindernis, seine Stimme klar zu hören und deiner Berufung ganz zu folgen.

In den Tagen, bevor ich die Papiere für den Verkauf unserer Tierarztpraxis unterschrieb, dachte ich über all die Veränderungen nach und auch darüber, was sie für mein Leben und meine Familie bedeuten könnten. Eines Morgens bat ich den Herrn: „Herr, ich weiß, dass du diesen Weg bereits auf verschiedene Weise bestätigt hast, aber bevor ich den Verkauf abschließe, muss ich mir absolut sicher sein, dass du das auch willst. Ich danke dir für deine Geduld mit mir, aber würdest du mir eine weitere Bestätigung zeigen, bevor ich die Papiere unterschreibe?" Sofort hörte ich in meinem Herzen die folgende Antwort so deutlich, wie ich noch nie jemanden habe sprechen hören. „Wenn du so weitermachen willst, wie bisher, werde ich dir nicht böse sein, aber du wirst nicht mehr glücklich sein. Was dich in der Vergangenheit erfüllt hat, wird dich in Zukunft nicht mehr erfüllen, denn ich rufe dich zu etwas Größerem."

„Der Herr ist gut! Seine Gnade ist ewig und seine Treue von Generation zu Generation" (Psalm 100,5). Er weiß, wozu er dich geschaffen hat und was das Beste für dich ist. Wirst du ihm folgen? Wirst du ihm vor allem in Zeiten des Umbruchs folgen, wenn die Einzelheiten dessen, was vor dir liegt, ungewiss erscheinen? Da ich heute die Gelegenheit habe, mich mit immer mehr Menschen auf der ganzen Welt auszutauschen, versuche ich unter anderem, Menschen mittleren Alters und älteren Menschen zu vermitteln, sie sollten nicht in die Falle tappen, nach einem Lebensstil zu suchen, der angenehmer

und bequemer ist. Suche den Herrn und nach seiner Berufung. Er wird dich in ein wirklich erfülltes Leben führen und du wirst den Übergang von dieser Welt in die nächste gut meistern.

Fragen zum Weiterdenken

1. Was ist mit dem Begriff „blinder Glaube" gemeint? Ist Glaube wirklich blind?

2. Wie bekommt Gott deine Aufmerksamkeit?

3. Wie baut man am besten hochwertige Beziehungen auf?

4. Inwiefern hat unsere Geschichte deine Vorstellung herausgefordert, warum und wie du für den Herrn arbeitest? Wie willst du mit diesen Herausforderungen umgehen?

6. Erzähle kurz von deinem Glaubensweg und wie Gott dich leitet?

7. Wirst du ihm folgen, besonders in Zeiten des Kampfes oder des Übergangs? Wie wirst du das tun?

Kapitel 12

Sein Wirken in der Missionsarbeit: Ein Königreich der Kraft

Ich möchte drei Geschichten darüber erzählen, wie der Heilige Geist die Wahrheit des Evangeliums bestätigt und uns in der Mission durch die Autorität und Kraft, die er seinen Nachfolgern übertragen hat, Türen öffnete. Das Himmelreich ist ein Reich der Kraft. Es besteht nicht nur aus Worten, sondern aus der Autorität und Kraft Jesu Christi, von der Paulus in 1. Korinther 4,20 und vielen anderen Stellen spricht. Die Kraft, Heilung und Befreiung zu bewirken, dient der Bestätigung der Botschaft des Evangeliums (s. Johannes 14,11, Hebräer 2,3-4) und der Zerstörung der Werke des Feindes (s. 1. Johannes 3,8). Es muss den Menschen gezeigt werden, dass die Wahrheit der Nachfolge Jesu sie tatsächlich von der Macht der Sünde befreien kann. Zu dieser Demonstration gehören sowohl das innere Zeugnis des Herzens als auch äußere Zeichen und Wunder. Ich glaube, die folgenden Geschichten helfen, diese Punkte zu veranschaulichen.

Im November 2012 schloss ich mich einer Gruppe christlicher Geschäftsleute an, die schon seit mehreren Jahren in Uganda tätig waren. Sie hatten zusammen mit einheimischen Führungskräften einige Unternehmen gegründet, um durch die Geschäftswelt christliche Leiter hervorzubringen und zu ermächtigen. Sie arbeiteten auch mit Biosand-Wasserreinigungssystemen für Privathaushalte und hatten den Plan, zusammen mit einem ugandischen jungen Mann, der über eine gute kaufmännische Ausbildung verfügte, eine kommerzielle Geflügelzucht aufzubauen. Das war mein erste Reise nach Afrika, und ich habe sowohl von diesem Team als auch von den Einheimischen eine

Menge gelernt. Während wir von Dorf zu Dorf reisten, um die Wasserqualität zu testen, haben wir mit den Menschen gesprochen, gebetet und das Evangelium weitergegeben. Wir besichtigten auch das Grundstück, das sie für die Geflügelfarm kaufen wollten. Auf dieser Reise habe ich so vieles gelernt, das mir im Missionsfeld bald gute Dienste leisten sollte.

Im Januar 2016 war die Geflügelfarm in Betrieb, hatte aber mit einer hohen Sterblichkeitsrate und finanziellen Problemen zu kämpfen. Ich hatte die Gelegenheit, nach Uganda zurückzukehren und einen Monat lang auf der Geflügelfarm zu leben. Ich nutzte meine tierärztliche Ausbildung, um zu versuchen, die Farm rentabler zu machen. Der Herr war gnädig und wir konnten einige Änderungen vornehmen, die sich schnell positiv auf die Farm auswirkten. Sie wuchs weiter und wurde zu einem der größeren Arbeitgeber in diesem Teil Ugandas. Aber der Herr hatte auch noch einen anderen Plan für meine Zeit in dem Dorf Wobulenzi.

An meinem dritten Morgen auf der Farm saß ich gegen 5.30 Uhr in meinem Zimmer, las in der Bibel und betete. Vor dem Gebäude, in dem ich untergebracht war, entstand ein lauter Tumult. Einer der jungen Farmarbeiter kam in mein Zimmer und sagte mir mit Nachdruck, dass ich draußen gebraucht würde. Als ich nach draußen ging, stand dort ein junges Mädchen aus der Gegend, das laut schrie und um sich schlug und von drei oder vier Männern festgehalten wurde. Sie schrie mich mit einer Stimme an, die zu männlich und unnatürlich für ein 15-jähriges Mädchen schien! Ich weiß nicht, woher sie wusste, dass ich mich überhaupt dort aufhielt. „Du kannst hier nicht bleiben! Ich werde dich jagen oder dich verletzen! Ich weiß, dass du hierhergekommen bist, um für diese Menschen zu beten, aber ich werde dich verjagen oder dich töten!"

Ich denke, man kann mit Sicherheit sagen, dass ich von einigen der örtlichen Dämonen herausgefordert wurde. Also begannen wir, dieser jungen Frau auf die Art und Weise zu dienen, die ich für Befreiung kannte. Bis zu diesem Zeitpunkt hatte ich bereits erlebt, wie der Herr viele Menschen von dämonischem Einfluss befreit hatte. Selbst wenn sie gefesselt war, war Alice (nicht ihr richtiger Name) sehr stark. Sie versuchte, mich zu würgen oder zu ohrfeigen, aber auf mein Kommando im Namen des Herrn wurde sie stumm und bewegungsunfähig und konnte mich nicht berühren. Manchmal fiel sie bewusstlos auf den Boden, stand aber nach 10 bis 20 Minuten unverändert wieder auf. Nach vier Stunden war sie immer noch nicht frei. Einer der jungen Männer vor Ort erzählte mir, dass es einen ugandischen Pastor gäbe, der erfolgreich im Bereich Befreiung sei, und fragte mich, ob ich ihn anrufen wolle. „Ja, das wäre toll", sagte ich. Wir nahmen das Mädchen mit und fuhren zu der Gemeinde des Pastors, die mehr als eine Autostunde entfernt in einem sehr kleinen, ländlichen und armen Dorf lag. Wir dienten der jungen Frau noch anderthalb bis zwei Stunden, bis sie endlich frei und sofort wieder bei Sinnen war.

Es stellte sich heraus, dass es sich um einen Geist handelte, der von einer örtlichen Hexe aus Eifersucht geschickt worden war, weil Alice eine gute Schülerin war und in dieselbe Klasse wie die Tochter der Hexe ging. Die Hexe hatte Alice und zwei andere junge Frauen etwa zwei Monate zuvor mit einem Fluch belegt, damit ihre Tochter in der Klasse keine Konkurrenz mehr hatte. Später fand ich heraus, dass dies in vielen Ländern der Dritten Welt üblich ist. Es ist eine Taktik des Feindes, um kluge Menschen am Aufstieg zu hindern, wodurch die Gesellschaft vor Ort insgesamt unterdrückt bleibt. Etwa zwei Monate vor diesem Vorfall war Alice rebellisch und mutlos geworden und hatte angefangen, in der Schule zu versagen. Am Morgen dieses Vorfalls, erzählte mir Alices Mutter später, war Alice zu Hause extrem unruhig geworden und schreiend aus dem Haus gerannt. Sie war etwa zwei Kilometer bis zu meiner Wohnung gerannt und hatte angefangen, mich anzuschreien, wie oben beschrieben.

Die anderen beiden jungen Frauen wurden am nächsten Tag freigesetzt. Alle drei nahmen Christus an und wurden mit dem Heiligen Geist erfüllt. Alices Mutter, ihre Brüder und Schwestern nahmen alle Christus an und wir begannen in der folgenden Woche eine Hausgemeinschaft in ihrem Haus.

Um ehrlich zu sein, kam ich mir an diesem Abend und am nächsten Morgen wie ein Versager vor. Es war mir noch nie passiert, dass Dämonen auf den autoritativen Befehl des Namens Jesu hin nicht schnell verschwanden. Alice wurde zwar befreit, aber es dauerte insgesamt fast acht Stunden und erforderte die Hilfe eines örtlichen Pastors. Ich hatte das Gefühl, ich hätte den Herrn irgendwie enttäuscht – vielleicht war mein Glaube zu schwach – bis später an diesem Tag. Einige der Landarbeiter kamen auf mich zu und fragten mich: „Warum hast du das gestern getan?" Ich war mir über den Sinn der Frage nicht sicher. Hatte ich sie ungewollt beleidigt? Also fragte ich: „Wie meint ihr das?" Sie antworteten: „Warum hast du den ganzen Tag damit verbracht, einem unserer einheimischen Mädchen zu helfen? Weiße Menschen (Mzungus) tun so etwas nicht. Manchmal sehen wir Mzungus hier, die Geschäfte machen oder predigen, aber keiner hat sich je so persönlich engagiert. Bei dieser Art von bösem Geist braucht es normalerweise drei oder vier Tage, um Menschen davon zu befreien, wenn überhaupt. Bei Alice dauerte es nur ein paar Stunden, bis sie befreit war! Warum hast du uns so viel Liebe entgegengebracht?"

Das gab mir die perfekte Gelegenheit, die Botschaft des Evangeliums und das liebende Herz unseres himmlischen Vaters weiterzugeben. In den nächsten drei Wochen nahmen viele Menschen Christus an. Ich besuchte ihre Häuser und sprach mit Einzelpersonen und Familien. Mehrere wurden körperlich geheilt und einige mit dem Heiligen Geist erfüllt. Sie öffneten ihre Häuser und wir begannen fünf Hausgemeinschaften, die unter der Aufsicht des Leiters der Farm, der bereits ein aufrichtiger und reifer Gläubiger war, miteinander verbunden waren.

Die nächste Geschichte, die ich erzählen möchte, ereignete sich 2016 in dem Dorf Copan Ruinas in Honduras. Es war mein erster Besuch in diesem Land. Copan Ruinas liegt in einem Gebiet mit vielen Maya-Ruinen, und die Nachfahren der Maya leben in der Region und bilden eine der anerkannten indigenen Volksgruppen von Honduras, die Chorti. Ich war eingeladen worden, mit einem kleinen Team als Lehrer zu reisen, um bei der Durchführung von Schulungskonferenzen für indigene Pastoren zu helfen. Auf dem Weg dorthin fragte mich der Organisator des Teams, ob ich bereit wäre, einem jungen Mann zu dienen, dem er bei einem früheren Besuch begegnet war. Ich bin immer bereit, wenn der Herr die Tür öffnet, also sagte ich Ja und bat ihn, mir die Geschichte des jungen Mannes zu erzählen.

Als er acht Jahre alt war, schien Santiago (nicht sein richtiger Name) ein ganz normaler Junge zu sein. Seine Familie praktizierte die Religion der Vorfahren, in der unter anderem Frosch- und Affengötter angebetet werden. Eines Tages kam er aus dem Dschungel und trug Gegenstände bei sich, die er an einer rituellen Opferstätte gefunden hatte, die von der örtlichen Medizinfrau benutzt wurde. Seine Mutter bekam große Angst und wies Santiago an, die Gegenstände sofort dorthin zurückzubringen, wo er sie gefunden hatte. In den nächsten Tagen wurde Santiago immer verschlossener und gewalttätiger. Er fing an, Menschen zu schlagen und zu beißen und versuchte ihnen die Augen auszustechen. Schon bald verschwand er immer wieder im Dschungel und war manchmal zwei oder drei Tage lang verschwunden, bevor seine Familie ihn finden konnte. Seine Leistungen in der Schule nahmen ab. Als er zehn Jahre alt war, hatte sich sein Zustand so sehr verschlechtert, dass seine Familie keinen anderen Ausweg mehr sah, als ihn allein in ein Zimmer zu sperren. Also banden sie ihn mit einem kurzen Seil an einen Stützpfeiler in der Mitte des Raumes.

Als ich Santiago kennenlernte, war er dreiundzwanzig Jahre alt. Er war dreizehn Jahre lang allein in seinem Zimmer gefesselt gewesen und konnte nicht mehr sprechen, nur noch grunzen. Er hockte tief wie ein Affe und war nackt bis auf ein kurzes, zerlumptes T-Shirt. Seit Jahren hatte er nicht mehr gebadet, weil er jeden angriff, der sich ihm näherte. Seine Mutter schob ihm immer mit einem langen Stock einen Teller mit Essen zu, aber er war extrem dünn. Der Boden seines Zimmers diente ihm auch als Toilette. Seine Mutter hielt es so sauber, wie es ihr unter den gegebenen Umständen möglich war.

Ich betrat sein dunkles Zimmer, ohne zu wissen, was zu tun war. Also bat ich den Herrn um Führung. Sofort schoss mir ein Gedanke in den Kopf. Während ich etwas Abstand hielt, begann ich laut zu klatschen und rief: „Santiago, wach auf! Ich rufe den Geist des Mannes in dir! Wach auf! Du hast schon zu lange geschlafen. Es ist Zeit, aufzuwachen!"

Nach ein paar Minuten begann ich im Namen Jesu, jeden Dämon, den ich ausmachen konnte, auszutreiben. Es waren mehrere. Ich sah keine offensichtlichen äußeren Zeichen der Befreiung, aber ich spürte plötzlich, wie ein großer Friede des Heiligen Geistes über den Raum kam, und ich konnte sehen, wie Santiago sich sichtlich entspannte. Der Rest unseres Teams und seine Mutter standen an der Tür des Raumes. Das Team tat Fürbitte. Später erzählten sie mir, dass sie bei jedem Befehl, mit dem ich einen Dämon vertrieb, einen kalten Wind durch die Tür wehen spürten. Ich spürte nichts. Aber ich fühlte und sah die Veränderung im Raum und in dem jungen Mann.

Während dieser Zeit hatte der Heilige Geist zu mir gesprochen, dass Santiagos Heilung durch persönlichen Kontakt kommen würde.

Nachdem ich also gemerkt hatte, dass der Friede des Geistes gekommen war. begann ich, mich Santiago langsam zu nähern. Zuerst wich er zurück und hielt einen gewissen Abstand zwischen uns. Doch langsam erlaubte er mir, näher zu kommen und seine Schulter zu berühren … dann beide Schultern … dann massierte ich leicht seine Schultern und fuhr fort, für ihn zu beten. Nach etwa anderthalb Stunden stand er neben mir auf, legte seinen Kopf auf meine Schulter, entspannte sich und ließ zu, dass ich ihn umarmte. Wir sprachen mit seiner Familie über das Evangelium und mussten dann gehen, weil es schon dunkel war und wir noch woandershin mussten.

Die nahegelegene Gemeinde, in der wir dienen wollten, hatte nur eine Handvoll Menschen und nur wenig Leben in sich. Doch der Herr war gnädig und wir hatten in den nächsten Tagen wunderbare und fruchtbare Schulungskonferenzen in drei verschiedenen Dörfern.

Ein Jahr später konnte ich zurückkehren, um nach Santiago zu sehen. Ich stellte fest, dass seine ganze Familie jetzt Jesus nachfolgte! Sie hatten Bibelverse an den Wänden ihres bescheidenen Hauses aufgehängt. Sie besuchten die kleine örtliche Gemeinde, die jetzt mit Menschen gefüllt und in der die Gegenwart des Herrn sehr stark war. Ich fand Santiago in seinem Zimmer, sauber und angezogen. Er war nicht mehr gefesselt und auch nicht mehr gewalttätig. Er redete und hatte viele Pfunde zugenommen, seit ich ihn das letzte Mal gesehen hatte. Sein Bruder las ihm regelmäßig aus der Bibel vor. Er war immer noch sozial unbeholfen, aber er erlaubte mir, ihn zu umarmen. Als ich ihn sah, begann ich vor Freude zu weinen. Ich fragte seine Mutter, wann sie ihn losgebunden hatten, und sie antwortete: „Oh, an dem Tag, nachdem du das letzte Mal hier warst. Wir haben eine solche Veränderung an ihm gesehen, dass wir wussten, dass wir ihn freilassen können. Außerdem ist die Medizinfrau jetzt auch gläubig. Sie fragte, ob ihr das nächste Mal in ihr Haus kommen und beten könntet." Das taten wir. Wow! Die Kraft des Heiligen Geistes, die sich in der Befreiung von Santiago manifestiert hatte, hatte nicht nur eine Person, nicht nur eine Familie, sondern ein ganzes Dorf verändert.

Ich wies seinen Bruder an, so oft wie möglich mit Santiago Gott anzubeten und weiterhin mit ihm in der Bibel zu lesen. Etwa sechs Monate später erhielt ich ein Foto von Santiago, wie er draußen im Dorf war. Er hatte einen Job und war völlig genesen.

Die letzte Geschichte, die ich erzählen möchte, zeigt, wie treuer Gehorsam durch die Kraft des Heiligen Geistes geistliche Festungen in einem Gebiet niederreißen kann. 2017 begannen wir mit dem Zulassungsverfahren für eine Bibelschule im ländlichen Westen Kenias, in dem Dorf Nambale. Zuvor hatten wir dort eine informelle Bibelschule gegründet, die von den Menschen vor Ort gut angenommen wurde. Es wurde jedoch bald klar, dass wir ein höheres Maß an Glaubwürdigkeit in der Kultur benötigten, um größeren Einfluss zu auszuüben und das zu erfüllen, wozu der Herr uns berufen hatte. Das bedeutete, dass wir, wenn wir christliche Pastoren und Leiter in ganz Ostafrika ausbilden wollten, ein Bildungszentrum brauchten, das vom kenianischen Bildungsministerium offiziell anerkannt war. Kenia misst der Bildung einen hohen Stellenwert bei und hat ein ziemlich reglementiertes Akkreditierungsverfahren, um Betrug zu vermeiden und einen gewissen Qualitätsstandard zu gewährleisten.

Ein Teil des Akkreditierungsprozesses erforderte, dass wir mehr Land als die ursprünglichen etwa 4000 qm kauften, mit denen wir angefangen hatten. Wir konnten zwei Grundstücke (etwa 2000 qm) von einem Nachbarn kaufen, zu dem wir eine gute Beziehung hatten. Unser Grundstück lag jenseits eines kleinen Flusses, der entlang der einzigen Hauptzufahrtsstraße floss. Also kauften wir ein Wegerecht von einem anderen Nachbarn und bauten eine Straße sowie eine Brücke, um Zugang zu unserem Grundstück zu bekommen. Als wir den Zaun unseres Grundstücks vergrößerten, sah ein anderer Nachbar, der gegen unsere Anwesenheit war, eine Gelegenheit, uns aus dem Gebiet zu vertreiben. Er war nicht nur ein Nachbar, sondern auch der örtliche Medizinmann. Er hatte sich von Anfang an gegen unsere Anwesenheit ausgesprochen. Wir hatten über einen längeren Zeitraum versucht, ihn auf verschiedene Weise zu erreichen, um Frieden zu schließen, aber er hatte kein Interesse daran.

Er stachelte zwei andere Nachbarn mit angrenzenden Grundstücken an, und sie alle reichten Klage gegen uns ein und behaupteten, wir hätten eine öffentliche Straße und Brücke gesperrt. Das war natürlich nicht wahr. Aber wenn man vor Gericht gezogen wird, ist der Ausgang immer ungewiss – besonders als Ausländer in einem Drittweltoder Entwicklungsland. Aber der Herr war mit uns. Der Richter hörte sich die Klage an, sah sich die Beweise an (Gutachten, Kaufverträge usw.) und wies die Klage dann ab. Und nicht nur das: Er entschied, dass die Arbeit des *Kaleo International Bible Institute* in der Gemeinde sehr wichtig sei, und verpflichtete die Nachbarn, die die Klage eingereicht hatten, dazu, uns ihr Land zu einem vom Gericht festgesetzten Preis zu verkaufen! Damit hatten wir die 20.000 qm, die für eine vollständige Akkreditierung erforderlich waren. Also kauften wir das Land zu einem fairen Preis, und die, die sich uns widersetzt hatten, wurden entfernt. Die herrschenden Fürstentümer der Finsternis waren aufgedeckt worden und wurden von den Menschen vor Ort, die unter ihrem Einfluss gestanden hatten, zurückgewiesen, da sie sich für die Wahrheit statt für den Betrug entschieden. Auf diese Weise werden Festungen des Bösen in einer Region zerstört.

Zu dem Zeitpunkt, an dem wir diese Zeilen schreiben, haben wir bereits Leiter aus mehreren Ländern Ostafrikas ausgebildet, insbesondere für unerreichte bzw. fast unerreichte Volksgruppen. Viele unserer Schüler(innen) kommen aus Flüchtlings- und Binnenvertriebenenlagern in Ostafrika. Wir haben etwa vierzig Gemeinden in Kenia, im Südsudan, in Uganda und Tansania gegründet. Auf unserer letzten Ostafrika-Konferenz für unsere Leiter waren Menschen aus sechs Nationen vertreten, die dreiundzwanzig verschiedene Stämme repräsentierten. Gott war so treu und hat einen Weg nach vorne gebahnt, wo kein Weg möglich schien.

Das Himmelreich ist ein Reich der Kraft – der Kraft des Wortes und der Kraft des Geistes –, die zusammenwirken, um Jesus zu verherrlichen, das Evangelium zu verbreiten und die Pforten der Hölle zu überwinden (s. Matthäus 16,18). In den letzten Jahren, in denen wir in der Auslandsmission gearbeitet haben, war es wirklich erstaunlich, immer wieder die Treue Gottes und seine Macht, die Werke Satans zu zerstören, zu erleben, wenn wir in einfachem Glauben und Gehorsam losgehen. Es gibt viele Geschichten, die wir erzählen könnten, aber ich bete, dass diese drei Geschichten dazu beitragen, alle, die dies lesen, zu ermutigen, dem Herrn noch mehr zu vertrauen als in der Vergangenheit. Wie es uns aufgetragen wurde: Bete um Arbeiter für die Ernte. Und noch mehr: Werde ein Arbeiter in der Ernte! Du wirst die Zeit, die du investierst und die Opfer, die du für Jesus bringst, nie bereuen.

Fragen zum Weiterdenken

1. „Das Himmelreich ist ein Reich der Kraft." Wie fordert dich diese Aussage heraus? Wie ermutigt sie dich?

2. Wie hat dich die Geschichte von Alice beeinflusst?

3. Wie ist die Geschichte von Alice ausgegangen?

4. Wie hat die Geschichte von Santiago deine Überzeugungen herausgefordert?

5. Was ist der Zweck der Bibelschule in Kenia?

6. Siehst du Gott, unseren Vater, auf eine andere Art und Weise, nachdem du die Geschichte gehört hast, wie die Bibelschule in Kenia entstanden ist und wie Gott uns während unseres Prozesses seine Gunst erwiesen hat? Wie fordert dich das heraus?

7. Wie wirst du mit den Herausforderungen umgehen, vor die dich dieses kleine Buch stellt?

Kapitel 13

Die Einfachheit des Evangeliums

Das Evangelium von Jesus Christus ist nicht kompliziert. Der unendliche Gott hat in seiner Weisheit die kompliziertesten Dinge so weit vereinfacht, dass jeder denkende Mensch sie verstehen und sich zu eigen machen kann. Paulus, der die menschliche Neigung kannte, dass wir uns zu Geheimnissen und verborgenem Wissen hingezogen fühlen, war besorgt, dass wir leicht von dieser Einfachheit weggelockt werden könnten.[159] Damit ich mich nicht schuldig mache, die Dinge in diesem Buch zu kompliziert zu machen, möchte ich die wichtigsten Themen in aller Kürze zusammenfassen:

Wer ist der Heilige Geist?

Er ist der Geist des auferstandenen Christus, der in uns lebt. Er wirkt durch und unter uns, die wir Jesus als Herrn und Retter angenommen haben. Er ist die Manifestation Gottes, der eng mit der gesamten Schöpfung zusammenarbeitet.

Was bedeutet es, aus dem Geist geboren zu sein?

Es bedeutet einfach, dass das, was in dir (deinem Geist) wegen der Sünde tot war, von dem Einen – dem Einzigen, der die Macht hat, dir Leben zu geben –, lebendig gemacht wurde. Sein Name ist Jesus der Christus, der Sohn des lebendigen Gottes. Deine Sünden sind dir vergeben. Deine Trennung von Gott hat ein Ende.

---

[159] 2. Korinther 11,3.

Was bedeutet es, mit dem Geist getauft zu werden?

Taufe bedeutet „untergetaucht werden" oder „vollständig bedeckt werden". Bei der Taufe durch den Heiligen Geist geht es nicht darum, dass du den ganzen Geist hast, sondern dass du dich ihm ganz hingibst.

Was bedeutet es, im Geist zu wandeln?

Im Geist zu wandeln bzw. zu leben, bedeutet, dass wir uns jeden Tag in allen großen und kleinen Angelegenheiten vom Geist leiten lassen. In jedem einzelnen Moment werden wir entweder von der alten oder der neuen Natur motiviert. Wenn wir „Nein!" zu unseren egoistischen Neigungen und „Ja!" zu Gott sagen, gibt uns der Geist sofort die Kraft, die Entscheidungen unseres Willens auszuleben. Er wird niemals die Entscheidungen für uns treffen, und wir können ohne seine Kraft nicht so leben, wie wir sollten: Deine Entscheidung – seine Kraft! So lebst du die Berufung Gottes in deinem Leben aus. Verlass dich darauf, dass der Herr dich in jedem Bereich deines Lebens in die Wahrheit führt, so wie er es versprochen hat.

Was sind die Gaben des Heiligen Geistes?

Die Gaben des Geistes sind Werkzeuge, die Gott der Gemeinde gegeben hat. Sie werden an die einzelnen Glieder des Leibes verteilt und wirken durch sie, damit das Werk getan werden kann, das Gott auf dem Herzen hat. Sie sind unerlässlich, wenn wir wirklich der Leib Christi auf der Erde sein wollen.

Warum ist Einheit in der Gemeinde so wichtig?

Einheit ist das Wesen des Heiligen Geistes. Die Einheit ist unser größtes Zeugnis vor der Welt und unser bester Schutz gegen die Machenschaften Satans. Die Einheit, die der Heilige Geist bringt, basiert nicht auf Kompromissen, sondern auf der Heiligen Schrift und der Wahrheit und wird durch jedes einzelne Mitglied verwirklicht, indem es sich selbst stirbt.

Ich hoffe, dass meine Ausführungen über den Heiligen Geist erhellend waren. Ich bete dafür, dass die Sichtweise eines Laien, auch wenn sie nicht theologisch herausfordernd ist, dennoch klar und von Bedeutung ist. Ich hoffe, dass der Heilige Geist dich auf irgendeine Weise herausgefordert hat, mehr von ihm zu wollen. Ich hoffe, dass du dieses Buch mit mehr Liebe und Wertschätzung für Jesus beendest, als du am Anfang hattest.

Ein Leben im Heiligen Geist bedeutet, die Weisheit zu haben, die richtigen Entscheidungen zu treffen, und die Kraft, sie umzusetzen. Es geht um das tägliche Leben. Es geht darum, die Kraft zu finden, um siegreich zu leben und sich nicht von den Widrigkeiten des Lebens unterkriegen zu lassen. Es geht darum, die Liebe und Kraft Gottes zu kennen und jeden Tag zu erfahren. Ich möchte nicht, dass irgendjemand denkt, dass ich das alles schon ganz genau weiß oder dass ich es fehlerfrei anwenden kann. Das tue ich sicher nicht und ich habe immer noch meine eigenen Kämpfe und Wachstumsschmerzen. Aber ich weiß, an wen ich glaube, und bin entschlossen, weiterzumachen!

Der Psalmist verkündet: *„Schmeckt und seht, dass der HERR gütig ist! Glücklich der Mann, der sich bei ihm birgt!"*[160] Bist du bereit, ihn zu kosten? Du musst wissen, dass alles, was er für dich vorbereitet hat, zu deinem Besten ist. Er liebt dich so sehr, dass er für dich gestorben ist. Er ist gestorben, damit du die Ewigkeit mit ihm verbringen kannst. In dem Moment, in dem du Jesus als Retter annimmst, trittst du in das ewige Leben ein. Sein Heiliger Geist versiegelt dich und wird zu deinem eigenen kleinen Stückchen Himmel, mit dem du in den Himmel gehst! Wenn du es noch nicht getan hast, solltest du über Jesus nachdenken. Lass dich von ihm mit seinem Geist erfüllen und beginne die aufregendste Reise, die du dir je vorstellen kannst! Gott segne dich!

Fragen zum Weiterdenken

1. Wer ist der Heilige Geist?
2. Was bedeutet es, aus dem Geist geboren zu sein?
3. Was bedeutet es, mit dem Geist getauft zu sein?
4. Was bedeutet es, im Geist zu wandeln?
5. Was sind die Gaben des Geistes?
6. Warum ist Einheit in der Gemeinde so wichtig?

---

[160] Psalm 34,8

Kapitel 14

„Herr, ich glaube ..."

Mein Mann Don hat mich gebeten, dieses Buch abzuschließen, und dazu mein persönliches Zeugnis über das Wirken des Heiligen Geistes in meinem Leben und in unserer Ehe zu geben. Ich beginne damit, dass ich eine meiner Lieblingsstellen in der Bibel zitiere: Die Geschichte des Mannes, dessen Sohn von einem Dämon besessen war. Er kam zu unserem Herrn und seinen Jüngern in der großen Hoffnung, dass seinem geliebten Sohn geholfen und er geheilt würde. Da es den Jüngern nicht gelungen war, den Jungen von dem Dämon zu befreien, wandte sich der Vater an Jesus und bat ihn, sich seines Sohnes zu erbarmen.

Jesus sagte ihm: „Was (heißt das): ‚Wenn du kannst'? Alles ist möglich für den, der glaubt!" Sogleich rief der Vater des Kindes laut: „Ich glaube! Hilf meinem Unglauben!"[161]

Das ist seit vielen Jahren mein Schrei in Zeiten der Not.

Wie bereits angedeutet, waren die ersten Jahre unserer Ehe, wie bei so vielen, problematisch. Für die Außenwelt sah es so aus, als führten wir eine perfekte Ehe. Doch Don hatte sich in seine Tierarztpraxis gestürzt, und ich war von dem Dunkel der Depression umgeben. Wir hatten uns irgendwie auseinandergelebt und jeder war so sehr in seine tägliche Routine vertieft, dass wir uns fremd geworden waren, ohne zu wissen, wie und warum. Wir hatten beide seit unseren frühen Teenagerjahren dafür gebetet, dass der Herr den Partner SEINER Wahl in unser Leben bringen würde, und wir wussten schon früh in unserer

---

[161] Markus 9,24.

Beziehung (obwohl wir noch sehr jung waren), dass er genau das getan hatte. Selbst in unserem Schmerz wussten wir, dass dies sein Wille für unser Leben war, aber irgendetwas stimmte einfach nicht. Wieder einmal ertappte ich mich dabei, wie ich unseren Herrn anflehte: „Herr, ich glaube! Hilf meinem Unglauben!" Seine Antwort, die in seinem perfekten Timing kam, war viel besser, als ich erwartet hatte.

Langsam begann er, an uns beiden zu arbeiten, indem er Dons Herz erweichte und ihn näher zu sich zog, während er mir Frieden ins Herz gab und die Entschlossenheit, trotz schwieriger Umstände zu bleiben. Don begann, täglich intensiv das Wort Gottes zu studieren und blieb oft bis 2 oder 3 Uhr morgens auf. Wir wurden eingeladen, an einem Wochenendprogramm namens „Walk to Emmaus" („Gang nach Emmaus") teilzunehmen. Der Herr benutzte dieses Programm auf mächtige Weise, um viele Probleme in unserem Leben zu verändern und uns näher zu ihm und damit auch näher zueinander zu bringen. Während dieses Programms wurden wir beide mit dem Heiligen Geist erfüllt (oder getauft), obwohl wir damals keine Ahnung hatten, was passiert war oder wie wir dieses seltsame Phänomen überhaupt nennen sollten. Wir wussten nur, dass wir plötzlich nicht mehr dieselben Menschen waren, die wir noch ein paar Wochen zuvor gewesen waren!

Schon bald bemerkten auch andere einen Unterschied. Dons Unterricht in der Sonntagsschule, der vorher schon sehr gut war, wurde offensichtlich gesalbt und berührte und veränderte das Leben der Anwesenden. Schon bald waren wir als ein sehr nettes junges Paar bekannt, das in seinem Glauben etwas zu „radikal" war. Unsere äußerlich perfekte Ehe wurde nun auch innerlich völlig geheilt. Unser Glaube wurde felsenfest (Jesus ist der Fels, der Eckstein) und wir konnten sowohl die Heilige Schrift als auch die Menschen um uns herum immer besser verstehen. Diese Weisheit und dieses Verstehen ermöglichten es uns, den vielen verletzten Menschen zu dienen, die der Herr in unser Leben brachte.

Kurze Zeit später erfuhren wir, dass unser zweites Kind unterwegs war. In der neunten Schwangerschaftswoche entwickelte ich jedoch ein Problem namens *Plazenta praevia,* eine Erkrankung, die durch Druck auf die Plazenta zu Blutverlusten führt – und oft eine Fehlgeburt verursacht. Mir wurde gesagt, ich solle mir keine Sorgen machen, aber auf jeden Fall ins Krankenhaus gehen, falls die Blutung stark zunehmen sollte – das ist leichter gesagt als getan! In der neunzehnten Schwangerschaftswoche war ich ziemlich blutarm und körperlich ausgelaugt. Mein Arzt hatte mir noch eine Woche Zeit gegeben und wollte mir dann für den Rest der Schwangerschaft absolute Bettruhe verordnen – keine leichte Aufgabe, wenn man zu Hause einen Dreijährigen hat. Ich bat einige enge Freunde (die damals wie heute vom Geist erfüllt sind), für mich zu beten, und der Herr segnete uns mit einer augenblicklichen Heilung. In diesem Moment spürte ich, wie der Druck von mir abfiel. Mein Kind gab mir einen gewaltigen Tritt (den ersten von vielen) – und die Blutung hörte von da an auf. Im siebten Monat der gleichen Schwangerschaft schenkte mir der Herr eine weitere körperliche Heilung, diesmal für meine linke Hüfte, die aufgrund des Längenunterschieds zwischen meinen Beinen immer wieder aus dem Gelenk gesprungen war. Beide Vorfälle waren für meinen wissenschaftlich geschulten Ehemann schwer zu erklären – oder zu leugnen! Dies sind nur zwei von vielen Heilungen, die wir im Laufe der Jahre an uns und anderen erlebt haben.

Wir sind auch auf viele andere Arten gesegnet worden. Es gab Zeiten, in denen einer von uns oder wir beide während unseres Dienstes Worte der Weisheit, Worte der Erkenntnis oder prophetische Worte erhalten haben. Es war uns eine Ehre, denen zu dienen, die geistlich oder seelisch bedrückt sind. Menschen sind buchstäblich vor unserer Tür aufgetaucht, ohne zu wissen, warum sie dort waren oder was ihnen fehlte; sie wussten nur, dass sie verletzt waren und Gebet brauchten. Wir waren Zeugen von Befreiungen, haben geistliche Kämpfe ausgefochten und uns auch in anderen Bereichen des Dienstes und des geistlichen Wachstums engagiert.

Auch unsere Gemeindefamilie wurde sehr gesegnet, weil wir gemeinsam erkannten, dass wir in unserer Gemeinde ein ähnliches geistliches Wachstum brauchten. Wo früher Zwietracht und Kleinlichkeit herrschten, streben wir jetzt nach Einheit und Frieden. Wo früher ein Gefühl der Isolation unter unseren Mitgliedern herrschte, gibt es jetzt ein Gefühl der Familie. Wo früher ein Gefühl der Apathie gegenüber geistlichem Wachstum herrschte, gibt es jetzt einen Hunger. Wie alle Gemeinden ist auch unsere eine Ansammlung von unperfekten Menschen, die alle Fehler machen, aber wir haben erkannt, dass es absolut notwendig ist, vom Heiligen Geist erfüllt und geleitet zu werden, um den Vater im Geist und in der Wahrheit anbeten zu können – das heißt, Leben zu haben! Wir sind nicht vollkommen, aber wir bewegen uns in Übereinstimmung mit seinem Wort auf die Vollkommenheit zu.

Wenn du nun dieses kleine Buch gelesen und studiert hast, hast du vielleicht eine Sehnsucht nach „etwas mehr" in deinem Leben entdeckt. Wir glauben, dass Gott nicht erwartet, dass wir perfekt sind, sondern dass er uns dazu drängt, zu wachsen und auf Vollkommenheit hinzuarbeiten. Das können wir nicht aus eigener Kraft tun, aber wir *können* uns dafür entscheiden, unser Leben jeden Tag Gott hinzulegen und ihm die Erlaubnis zu geben, diese Veränderungen in uns zu bewirken. Wenn du diese Sehnsucht verspürst, solltest du dich zuerst freuen und ihm danken, denn das ist ein Beweis für seine große Liebe zu dir und die Realität deines Lebens in ihm. Bitte ihn um Führung, während du wächst und sein Wort, deine verlässlichste Autorität zu jedem Thema, studierst. Bitte ihn, Menschen in dein Leben zu bringen, die dir dabei helfen können. Suche die Gemeinschaft der Gläubigen auf, wenn du wachsen willst (vergiss nicht, dass keiner von uns ein Einzelgänger ist). Bitte ihn, dir geistliche Augen zu schenken, damit du erkennen kannst, wo er um dich herum am Werk ist, und dann schließe dich ihm bei diesem Werk an. Mache das Gebet zu einer unaufhörlichen Gewohnheit. Bitte ihn, jemanden in dein Leben zu bringen, dem du dienen sollst, und dir die Weisheit und die Fähigkeit zu geben, dieser Person wirklich zu dienen, im Vertrauen darauf, dass er dein Gebet auf wundersame Weise erhört. Achte darauf, dass du IHM in allem, was du tust, und in allem, was er in dir und durch dich tut, *immer* das Lob und die Ehre gibst.

Ich bete für dich, dass dieses Buch einige der vielen Missverständnisse über die Person und das Wirken des Heiligen Geistes „entmystifiziert", dass es dich ermutigt, über dein bisheriges Verstehen (deine Komfortzone) hinauszugehen, und dass auch du über die Maßen gesegnet wirst, wenn du immer mehr seine Nähe suchst! Unser Herr ist sowohl barmherzig als auch mächtig. Er ist auch ein Gentleman und wird dich nicht in etwas hineinführen, das dir schaden wird. *„Schmeckt und seht, dass der HERR gütig ist!"* Vergiss nicht: Das Werk, das er in unserem Leben tut, ist nur dadurch begrenzt, wie viel und was *wir ihm* zutrauen. Darin liegt der Ruf: „Herr, ich glaube! Hilf meinem Unglauben!"

Nachwort

Es ist fast 20 Jahre her, dass wir dieses Buch zum ersten Mal veröffentlicht haben – was in vielerlei Hinsicht schwer zu glauben ist. Wir haben gesehen, wie dieses Buch, ein einfaches Loblied auf den Heiligen Geist, viele Menschenleben verändert hat. Ich (Jackie) bete, dass es auch dich tief berührt hat.

Die einfachen Wahrheiten, die wir mitgeteilt haben, haben sich nicht verändert, aber unser Leben schon. Wir haben uns auf eine Reise begeben – einen Prozess – mit viel Freude und Kummer, aber wir können eindeutig sagen, dass diese Wahrheiten uns und viele andere sowohl durch Freude als auch durch Kummer begleitet haben. Je mehr wir verstehen, wer wir in Jesus Christus sind und wie herrlich der ist, dem wir dienen, desto mehr können wir uns mit großer Freude den Dingen stellen, die es zu bewältigen gilt. Wir möchten dich einladen, das Gleiche zu tun.

Im Jahr 2007 begannen Don und ich, nach einer besseren Methode der Jüngerschaft zu suchen als die, die unsere Gemeindefamilie bisher kannte. Es ist gut und richtig, Informationen weiterzugeben. Aber Informationen allein bewirken keine Veränderung. Sowohl unser persönliches Leben als auch das Leben unserer Gemeinde brauchte Veränderung. Unser Pastor, Dr. Craig Green, bat uns, die Struktur und den Zweck der bestehenden Kleingruppen (wir nennen sie Lebensgruppen) zu überarbeiten.

Als wir uns das Modell ansahen, das John Wesley benutzte, wurde uns klar, dass Kleingruppen sein bevorzugtes Werkzeug für Jüngerschaft waren und auch dafür, die Person und das Wirken des Heiligen Geistes in unserem Leben auf ganz praktische Weise kennenzulernen. Diese Lektionen sollten dann im Leben der Teilnehmenden ganz praktisch umgesetzt werden, damit diese Veränderung erlebten. Wesley glaubte so sehr an dieses Konzept, dass die Mitglieder bei jedem wöchentlichen Treffen (von Haus zu Haus) eine Eintrittskarte erhielten. Um am gemeinsamen, einmal im Monat stattfindenden Gottesdienst (im „Tempel") teilnehmen zu können, brauchte man mindestens 3 der möglichen 4 Wochenkarten. Dies geht auf Apostelgeschichte 5,42 zurück.

Zu diesem Zeitpunkt hatten wir beide schon viele Jahre unterrichtet, Don eine Erwachsenenklasse und ich Klassen jeden Alters. Wir haben immer damit gerungen, wie wir durch unseren Unterricht mehr Veränderung bewirken können. Wir suchten nach Wegen, um den Unterricht für das tägliche Leben relevanter zu machen. Wir suchten nach Punkten, die wir weitergeben konnten und die sich leicht einprägen ließen. Wir versuchten, unser Leben zu einem Beispiel für die Wahrheiten zu machen, die wir persönlichen erlebt und verstanden hatten. Wir unterrichteten auf Grundlage der Erfahrungen, die wir gemacht hatten. Wir versuchten, mit gutem Beispiel voranzugehen. Doch so sehr wir uns auch bemühten, die Menschen veränderten sich nur sehr, sehr langsam.

Wir haben unsere Gruppen umstrukturiert (wir nannten sie Lebensgruppen, weil wir das Leben gemeinsam mit anderen gestalten konnten, wobei jeder von uns jedem in der Gruppe half, zu wachsen), um von den aktuellen Gruppen wegzukommen, die zu Gruppen wurden, in denen sich nur Gleichgesinnte trafen, oder die zu Klatschrunden verkamen und/oder zu Gelegenheiten für Menschen, die Leitung zu kritisieren und sich zu beschweren. Das klar formulierte Ziel dieser Lebensgruppen war es, uns in die Lage zu versetzen, dass der Heilige Geist *jede* Woche in unserem Leben sprechen und wirken konnte. Der Ablauf bestand aus einer kurzen Zeit der Anbetung, einer kurzen Andacht und einer einfachen, aber tiefgehenden Frage. Die Frage sollte uns dazu bringen, tief in uns zu gehen, und uns dabei helfen, unseren Glauben zu entwickeln und darin zu reifen. Wir sind auch heute noch eine Gemeinde, die *aus* Lebensgruppen besteht, und nicht eine Gemeinde *mit* Lebensgruppen.

Die Grundlage der Frage war, zu erkunden, wie dein Wandel mit Jesus in der vergangenen Woche war. Wo hast du versagt und was hast du dagegen unternommen? Wo hattest du Erfolg, welche Siege hast du erlebt? Es war eine Chance für den Heiligen Geist, uns zu zeigen, wie er in uns und durch uns gewirkt hatte und was wir von ihm hörten. Von jedem Mitglied der Gruppe wurde erwartet, dass es jede Woche diese Fragen beantwortet.

Wir haben unsere Leiter(innen) darin geschult, wie sie eine Gruppe liebevoll leiten können, und sie ermutigt, andere potenzielle

Leiter(innen) zu finden und sie anzuleiten. Wir lehrten sie, wie sie die „unbeholfene" Zurückhaltung einiger überwinden können und was sie tun können, wenn jemand die Gruppe „übernehmen" will. Und dank der Führung durch den Heiligen Geist konnten wir schließlich eine Veränderung im Leben unserer Gemeindefamilie sehen! Es ist keine Kleinigkeit, wenn Menschen die Freude daran entdecken, dass ihr Gewissen regelmäßig gereinigt wird, und durch dieses Prinzip begannen die Menschen in wenigen Wochen oder Monaten schneller zu wachsen, als es zuvor durch das klassische „Sonntagsschul"-Modell der Fall gewesen war.

Unsere Gemeinde begann auch mit einem gemeindeweiten Leseplan für die Heilige Schrift, der vorsah, jedes Jahr das Alte Testament einmal und das Neue Testament zweimal zu lesen. Wir begannen an jedem Neujahrstag neu und lasen dann alle dieselben Schriftstellen zur gleichen Zeit. Dadurch und durch die Wahrheiten, die in Predigten und Lebensgruppen offenbart wurden, knüpften wir engere Verbindungen zueinander. Das war keine Pflicht, aber es half uns allen, auf einzigartige Weise voneinander zu lernen.

Im Jahr 2012 wurden Don und ich beide dazu geführt, in den Vollzeitdienst zu gehen, und wir wurden noch in derselben Woche vom Heiligen Geist dazu angewiesen, das auch zu tun! Damit begann ein dreijähriger Vorbereitungsprozess, zu dem viele Reisen des Lernens und Lebens gehörten. Wir wussten, dass wir zu irgendeiner Art von Missionsarbeit berufen waren, aber wir wussten nicht, wo wir anfangen sollten. Der Herr führte uns durch mehrere „Zufälle" dazu, 2016 die *Harvest School* von *Iris Ministries* in Mosambik zu besuchen. Dir sollte inzwischen klar sein, dass wir nicht wirklich an Zufälle glauben, sondern voll und ganz daran, dass Gott uns Dinge zufallen lässt! In Pemba, Mosambik, lernten wir Josh Muse kennen, der (zusammen mit seiner Frau Olivia) *Kaleo International Ministries* gegründet hat. Seitdem arbeiten wir mit ihnen zusammen.

Aber ich möchte noch einen Moment zurückblicken. Wir wussten, dass es in dieser Übergangszeit ein paar große Hindernisse zu überwinden galt. Der Herr hat uns in seiner Weisheit und Liebe geholfen wie nie zuvor. Dons vielbeschäftigte Tierarztpraxis musste verkauft werden – sie war inzwischen zu einer Praxis mit 7 Ärzten und mehr als 30 Mitarbeitern angewachsen, und wir wollten, dass diese von demjenigen, der die Praxis kauft, gut versorgt würden. Außerdem kümmerten wir uns beide um unsere schon älteren Eltern, kümmerten uns um ihre Mahlzeiten, Arztbesuche und viele andere Dinge, um sie zu unterstützen. Und nicht zuletzt drängte es uns beide, wieder zu studieren! Ich selbst wollte unbedingt meine College-Ausbildung abschließen, da ich mich damals, als Don und ich heirateten, entschieden hatte, das College zu verlassen.

Don und ich haben uns beide schnell eingeschrieben, Don mit dem Ziel, einen *Master of Divinity* (eine Qualifikation für den pastoralen Dienst) zu machen, und ich mit dem Ziel, einen Bachelor in Psychologie und Christlicher Beratung zu erlangen. Wir hätten uns nie träumen lassen, auf welche Weise der Herr diese Abschlüsse inzwischen gebraucht hat!

Dank Dons Abschluss konnte Kaleo das *Kaleo Bible Institute* in Nambale, Kenia, eröffnen. Dieser Campus in einem kleinen Dorf auf dem Land ist vom kenianischen Bildungsministerium zertifiziert, um die Bildung von Afrikanern zu fördern, die sonst vielleicht keine Möglichkeit hätten, sich weiterzubilden. Wir bieten ein-, zwei- und vierjährige Studiengänge mit den Schwerpunkten Theologie und Gemeindegründung an, aber auch Berufsausbildungen.

Don und ich sind seit Mitte der 1980er-Jahre als Laienseelsorger tätig. Mein Abschluss hat es uns ermöglicht, den Seelsorgeprozess zu optimieren und viel besser zu verstehen, und wir richteten unsere Sitzungen durch die Führung des Heiligen Geistes auf Jesus aus. Der Abschluss war auch eine enorme Hilfe bei der Weitergabe von innerer Heilung. Unsere beiden Abschlüsse haben uns auch geholfen, die Missions- und Leiterschaftsschulen zu leiten, die Kaleo anbieten kann.

Als wir merkten, dass der Herr uns in den Vollzeitdienst berief, wandte sich Don sofort an seine Praxispartner (zu diesem Zeitpunkt waren es vier), um zu erfahren, was sie von einem Verkauf der Praxis hielten. Sein Hauptpartner, mit dem er viele Jahre zusammengearbeitet hatte, stand ohnehin kurz vor der Pensionierung, und die anderen beiden Juniorpartner hatten ein ausgefülltes Leben und wachsende Familien. Nach einer Woche Gebet stimmten alle vier Partner und ihre Frauen einstimmig zu, dass dies die richtige Zeit war. In relativ kurzer Zeit wurde der Verkauf abgeschlossen, und Don stimmte zu, noch drei Jahre als medizinischer Leiter zu bleiben. Das gab uns Zeit, unser Studium abzuschließen und uns auf die Harvest School vorzubereiten.

Im März 2013 wurde bei meinem Vater metastasierender Lungenkrebs diagnostiziert, den er nur noch 29 Tage überlebte. Im August desselben Jahres, nur vier Monate nach seinem Tod, wurde bei mir eine sehr aggressive Form von Brustkrebs diagnostiziert, die fünf Operationen, eine sechswöchige intravenöse Antibiotikatherapie wegen einer postoperativen Infektion und acht Chemotherapie-Infusionen erforderte. Die Behandlungen und Operationen wurden innerhalb von 13 Monaten abgeschlossen, was auch als eine Zeit der Feuerprobe bekannt ist! Nach der Diagnose konnte ich meiner Mutter die tägliche Pflege, die sie brauchte, nicht mehr bieten. Deshalb brachten wir sie in eine wunderbare Einrichtung für betreutes Wohnen. Im April 2014 wurde jedoch auch bei ihr metastasierender Lungenkrebs diagnostiziert und sie verstarb sechs Wochen später, 13 Monate nach dem Tod meines Vaters.

In dieser Zeit intensiver Emotionen und großer körperlicher Nöte wirkte der Herr auf wundersame Weise! Ich sah, wie mein Vater, bei dem ich mir nicht sicher war, ob er Christ war, sanfter wurde, und er bestätigte, dass er es war. Ich erlebte, wie er und meine Mutter sich versöhnten, und nach vielen Jahren des Streits zwischen ihnen waren ihre letzten Worte zueinander „Ich liebe dich". Auch meine Mutter war endlich in der Lage, einige lebenslange Ängste hinter sich zu lassen, und in ihren letzten Tagen wurde sie viel friedlicher und liebevoller zu allen. Beide gingen in Frieden nach Hause zu Jesus!

Was meinen eigenen Weg angeht, so hat der Herr uns mit vielen Zeichen und Wundern gesegnet! An dem Tag, an dem ich meine Diagnose erhielt, war Don bei mir, und während wir uns in den Armen hielten (und weinten), zog der Heilige Geist ein Gebet aus meinem Herzen heraus und in das seine hinein: „Herr, ich werde dich preisen, egal was passiert!" **Ich möchte, dass du weißt, dass er mir mehr Freude – und seine Kraft – schenkte, als ich jemals zuvor gekannt hatte!** Diese Freude war ein großartiges Zeugnis für viele in unserer Gemeinde, die ihre eigenen schweren Prüfungen durchmachten, und sie hat auch vielen anderen gezeigt, dass die Freude am Herrn unsere Stärke ist![162]

Mein Tumor, der in den 6 Wochen zwischen Diagnose und Operation von 2 cm auf 3 cm gewachsen war (ein sehr aggressives

---

[162] Nehemia 8,10.

Wachstum), hatte keine Metastasen gebildet! Sogar mein Chirurg sagte Don, dass wir ein medizinisches Wunder erlebten. Vier Wochen nach meiner anfänglichen beidseitigen Mastektomie wurde ich mit nicht nur einer, sondern gleich zwei Arten von Infektionen ins Krankenhaus eingeliefert, von denen eine durch einen multiresistenten Erreger verursacht wurde. Deshalb musste ich sechs Wochen lang eine intravenöse Antibiotikatherapie machen. Während dieser Zeit der Behandlung, mehrerer Operationen und der Chemotherapie verlor ich viel Kraft – und die Fähigkeit, zu lesen und zu verstehen, was ich las. Deshalb musste ich mein Studium für mehrere Monate unterbrechen. Doch der Herr führte mich dazu, um einen doppelten Anteil zu bitten, als ich ihn fragte, wofür ich beten sollte – und jetzt ist meine Lesegeschwindigkeit doppelt so hoch! Außerdem habe ich zwei Jahre später meinen Abschluss mit einem sehr guten Notendurchschnitt gemacht. Und jetzt bin ich seit zehn Jahren krebsfrei und habe keinen Rückfall! Statistisch gesehen sinkt die Wahrscheinlichkeit, dass die Krebsart, an der ich erkrankt war, nach 5 Jahren wieder auftritt, auf Null und gilt als die einzige Form von Brustkrebs, die dann als geheilt gelten kann! *Unser Herr vollbringt immer noch Wunder – und ich möchte, dass du weißt, dass er das auch für dich tun kann und wird, wenn er es für mich getan hat!*

2016 haben wir die Harvest School in Mosambik besucht. Dieser Dienst wird von Heidi und Roland Baker geleitet und war eine unglaubliche Gelegenheit, unsere „Dienstflügel" zu „dehnen". Es war eine unfassbare Zeit des Wachstums für uns. Und während wir dort waren, wurden wir mit Joshua und Olivia Muse und *Kaleo International* in Verbindung gebracht. Wir schlossen uns noch im selben Jahr ihrem Dienst an.

Seitdem haben wir die Leitung der *Kaleo Schools of Missions* und der *Kaleo Leadership Schools* übernommen. Wir veranstalten einmal im Jahr eine Missionsschule, und 2024 werden wir die Schule zum ersten Mal in unserem Bibelinstitut in Nambale, Kenia, abhalten. Außerdem veranstalten wir jedes Jahr zwei dreiwöchige Leiterschaftsschulen für Pastoren und Leute, die schon seit vielen Jahren in der Gemeindeleitung tätig sind. Unsere Schulen haben drei Schwerpunkte: Theologie, Gemeindewachstum und -gründung und innere Heilung. Ich denke, du kannst sehen, wie der Herr uns durch unsere Studien und mehr als 30 Jahre Laiendienst und Leiterschaft tatsächlich vorbereitet hat.

Mehr als zu jeder anderen Zeit in unserem Leben suchen die Menschen heute nach Dingen und Beziehungen, die echt sind. Es gibt so viel Hype, Nachahmung und Sensationslust in der Welt! Jesus möchte dir eine echte Beziehung anbieten, nicht nur einen Trost. Durch die Kraft und das Wirken des Heiligen Geistes kann dein Weg mit dem Herrn absolut lebendig, relevant und lebensverändernd sein. Und das wird auch die Menschen um dich herum verändern, wenn du täglich mit dem Heiligen Geist wandelst! Wie machst du andere hungrig? Indem du vor ihnen isst! Wenn du hungrig bist nach mehr Heiligem Geist, einem frischeren und lebendigeren Leben mit Jesus und einer echten, tiefen Beziehung zu unserem Abba-Vater, dann wende dich an ihn! Bitte! Suche! Klopfe an! Er wird dich niemals verlassen – ein festes Versprechen!

Wir haben viele Geschichten zu erzählen – dies ist nur ein Teil dessen, was wir in dieses kleine Buch aufnehmen wollten. Mein einfaches Gebet ist, dass du ermutigt, zugerüstet und befähigt wirst, diese einfachen Prinzipien in deinem Leben umzusetzen. Und dass du gesegnet wirst, ein Segen zu sein!

Danksagungen

Ich weiß gar nicht, wie ich anfangen soll, allen zu danken, denen ich danken sollte. Gott hat mein Leben mit so vielen Menschen gesegnet, durch die mein Glaube entstanden und genährt worden ist. Es ist mir unmöglich, mich an alle zu erinnern, für die ich dankbar sein sollte, also möchte ich mich zuerst bei denen entschuldigen, die ich nicht ausdrücklich erwähnt habe.

An erster Stelle steht Jesus; ohne ihn hätte das Leben keinen Sinn. Meine Eltern, Willie und Frances Ragland, waren gläubige Christen, die dafür sorgten, dass wir als Familie regelmäßig in die Gemeinde gingen, und sie waren durch ihr selbstloses Leben immer ein gutes Beispiel. Sie lebten nach der Anweisung der Bibel, ihre Kinder in der „Zurechtweisung und Ermahnung"[163] des Herrn zu erziehen. Beide gehören jetzt zur großen Wolke von Zeugen, die uns vorausgegangen sind.

Im Laufe der Jahre wurde mein Leben durch viele andere Menschen bereichert – seien es Jugendgruppenleiter, Pastoren, Sonntagsschullehrer oder Freunde. Lucile Hyder war dreißig Jahre lang eine Lehrerin, Beraterin und Freundin. Sie hatte einen starken geistlichen Einfluss auf mein Leben. Auch wenn sie jetzt im Himmel bei Jesus ist, hält ihr Einfluss bis heute an. Sie war eine reiche Quelle für Studienmaterial und Ermutigung.

Tom Halliburton, mein ehemaliger Pastor und Freund, war eine enorme Ermutigung für mich. Seine Hingabe und seine Leidenschaft, dem Herrn zu dienen, waren ansteckend. Er ist mit mir Hunderte von Kilometern gereist, um meinen Unterricht zu unterstützen, und hat mit mir Stunden im Gebetsdienst und bei evangelistischen Einsätzen verbracht.

Ein anderer wunderbarer Pastor, Craig Green, wurde einer meiner engsten Freunde auf dieser Welt. Mehr als 15 Jahre lang trafen wir uns

---

[163] Epheser 6,4 (NeÜ).

wöchentlich am frühen Dienstagmorgen zum Kaffee, zum Austausch und zur persönlichen Rechenschaft. Ich habe viel von ihm gelernt, vor allem Beharrlichkeit im Angesicht von Opposition und Kritik, während er gleichzeitig ein weiches Herz für die Menschen hatte. Craig ist jetzt auch im Himmel bei Jesus. Er hat es immer geliebt, zu lachen und anzubeten, und ich bin sicher, dass er sich sehr darüber freut, jetzt unter denen zu sein, die um den Thron des Lammes herum anbeten und feiern!

Pat Grimes ist mein langjähriger Freund und Vertrauter. Pat und ich haben die Schönheit der Natur auf vielen Wanderungen und Kanufahrten geteilt und viele Nächte mit unseren Kindern beim Zelten verbracht. Er war ein aufmerksamer Gesprächspartner für meine geistlichen Fragen und Entdeckungen, und ich habe noch nie einen so großzügigen Menschen kennengelernt.

Tom Riley und Rick Wearing sind meine Geschäftspartner und christlichen Freunde. Ihre harte Arbeit, zusammen mit den anderen Ärzten und Mitarbeitern, hat es mir ermöglicht, an diesem Buch in der Form zu arbeiten, in der es 2005 erstmals veröffentlicht wurde. Nach Jahrzehnten der Zusammenarbeit sind wir immer noch gute Freunde und Partner. Sie beten sehr treu für uns und sind uns durch ihre Unterstützung unserer Arbeit in der Mission, vor allem in Kenia und im Südsudan, eine große Hilfe.

Ohne die Großzügigkeit von Stan und Patrice Randolph, die mir ihre Hütte am See zur Verfügung stellten, hätte ich nie die ruhigen Stunden gefunden, die ich brauchte, um dieses Buch zu schreiben. Meine Schwester Brenda Lewis war so freundlich, mir ihre Zeit und ihre Talente für das Lektorat dieses Manuskripts zur Verfügung zu stellen. Sie war eine sehr engagierte und talentierte College-Professorin für Englisch und ein freundlicher und liebevoller Mensch.

Ich bin so dankbar, dass der Herr uns mit Josh und Olivia Muse, den Gründern und Leitern von *Kaleo International Ministries,* verbunden hat. Durch ihre Treue baut der Heilige Geist ein festes Fundament für Erweckung, und wir arbeiten mit vielen treuen Partnern und Teammitgliedern zusammen, um in mehreren Ländern die unerreichten Volksgruppen zu erreichen. Josh und Olivia sind voll engagierte, treue, selbstlose und leidenschaftliche Nachfolger Jesu Christi und haben ein Herz für die Verlorenen und Ausgegrenzten.

Meine Familie hat aufgrund meines Berufslebens im Laufe der Jahre viele Unannehmlichkeiten ertragen müssen. Der Zeitplan eines

Tierarztes auf dem Land war bestenfalls unberechenbar. Wenn man dann noch all die Stunden hinzurechnet, die ich mit der Vorbereitung, dem Reisen und dem Unterrichten für den Herrn verbracht habe, weiß man schon, dass ich eine der verständnisvollsten Ehefrauen haben muss, die man sich vorstellen kann – und das ist sie auch. Seit 1976 ist Jackie meine beste Freundin, treue Begleiterin, die Liebe meines Lebens, Mutter meiner Kinder, Gebetspartnerin und geliebte Schwester in Christus. Ich kann mir nicht vorstellen, ohne sie durch dieses Leben zu gehen.

Meinen drei Söhnen Jared, Eric und Paul danke ich dafür, dass ihr verstanden habt, dass Papa nicht immer zu Hause war. Es war eine Freude zu sehen, wie ihr alle zum Glauben an Jesus gefunden habt und zu starken christlichen Männern herangewachsen seid. Ihr macht mich stolz. Erlaubt dem Herrn weiterhin, euch zu benutzen, um Liebe und Wahrheit in diese Welt zu bringen.

Niquie, Jareds Frau und meine Schwiegertochter, möchte ich meinen Dank und meine Freude darüber zum Ausdruck bringen, dass Gott uns geehrt hat, indem er eine so gute christliche junge Frau in unsere Familie gebracht hat, die uns hilft, den Glauben an die nächsten Generationen weiterzugeben. Lilly, ihre Tochter und unsere Enkelin, wir möchten, dass du weißt, dass wir dich sehr lieben. Du bringst mit deinem Enthusiasmus und deiner Liebe zum Spaß Freude in unser Leben. Ich hoffe, dass du dir die Liebe zum Leben, die du in dir trägst, immer bewahren wirst. Ich wünsche dir, dass du den Herrn Jesus kennenlernst und ihm alle Tage deines Lebens vertraust.

Lauren, Erics Frau, möchte ich dafür danken, dass du eine so gütige und treue Frau bist. Danke, dass du unsere Enkel dazu erzogen hast, Jesus kennenzulernen. An Benjamin und Jacob: Ihr sollt wissen, wie stolz euer Papa auf euch ist. Ihr seid erstaunliche junge Männer, und der Herr wird euch beide mächtig gebrauchen, wenn ihr ihm nahe bleibt und ihm erlaubt, in euch und durch euch zu wirken. Ihr seid beide starke Söhne mit unbegrenztem Potenzial. Ich ermutige euch, euch in euren prägenden Jahren gut vorzubereiten und dann alles zu tun, was der Herr euch ins Herz legt.

Meinen vielen Freunden und Mitgliedern im Leib Christi danke ich dafür, dass ich Jesus in euch sehen darf. Mögen wir diese Reise des Glaubens gemeinsam fortsetzen, bis der Herr wiederkommt oder wir alle als Sieger nach Hause gehen. Möge Gott euch alle reichlich segnen!

Über die Autoren

Don und Jackie Ragland sind beide leidenschaftlich darauf aus, dass der Heilige Geist in seinem Volk zur Geltung kommt. Sie haben ihr Leben dem Ziel gewidmet, ihn zu kennen und sich von ihm leiten zu lassen. Sie hoffen, dass ihre Erfahrungen mit Gott andere dazu ermutigen, die Kraft, die Liebe und das Feuer der Person des Heiligen Geistes in ihrem Leben zu erfahren.

Donald Ragland, Doktor der Veterinärmedizin, arbeitete mehr als 34 Jahre lang hauptberuflich als Tierarzt in Livingston, Tennessee. Er schloss sein Studium an der *Tennessee Technological University* ab und promovierte anschließend am *University of Tennessee College of Veterinary Medicine* zum Doktor der Tiermedizin. Außerdem hat er einen *Master in Divinity* an der *Christian Leadership University* erworben.

Jackie Ragland arbeitete als Lohnbuchhalterin und examinierte Krankenschwester. Sie stammt aus Salt Lake City, Utah, und besuchte die *Tennessee Technological University,* wo sie am *Tennessee Technology Center* in Livingston eine Ausbildung zur praktischen Krankenschwester absolvierte. Außerdem hat sie an der *Liberty University* einen Bachelor-Abschluss in Psychologie und Christliche Beratung erworben.

Die Raglands sind seit 1976 verheiratet und leben in Cookeville, Tennessee, wenn sie nicht gerade in der Mission unterwegs sind. Sie haben drei Söhne: Jared (verheiratet mit Niquie), Eric (verheiratet mit Lauren) und Paul sowie drei Enkelkinder.

Über Kaleo International

Kaleo ist ein Wort aus dem biblischen Griechisch und bedeutet „der Ruf". *Kaleo International* ist eine Missionsorganisation, die sich der Schulung von Arbeitern für die Ernte widmet. Wir bieten jedes Jahr Missions- und Leiterschaftsschulen an.

Die *School of Missions* (Missionsschule) soll Missionare durch innere Heilung, Theologie und praktische Einsätze zurüsten. Die *Leadership School* (Leiterschaftsschule) ist für Leiter und Pastoren gedacht, die Kenntnisse in Gemeindegründung und -leitung erwerben möchten.

Kaleo hat sich der Vision verschrieben, Ortsgemeinden mit der DNA der Erweckung zu gründen. Diese internationale Bewegung ist eine auf Beziehungen basierende Familie, die unsere Ortsgemeinden und Missionare auf der ganzen Welt miteinander verbindet.

Mehr über die Arbeit von *Kaleo International* erfährst du hier:

Internet: www.kaleointernational.org

Facebook: Kaleo International

Instagram: @kaleointernational1

Wenn du

- möchtest, dass Joshua und/oder Olivia in deiner Gemeinde, auf deiner Konferenz oder bei deiner Veranstaltung sprechen,
- eine Kaleo-Gemeinde gründen möchtest oder
- ein Missionar bei uns werden möchtest,

dann kontaktiere uns bitte unter admin@kaleointernational.org oder rufe uns an bzw. schreibe uns über WhatsApp unter +52-899-334-2161.

Weitere Produkte von GloryWorld-Medien

Blake K. Healy, Durch den Schleier sehen

Eine Einladung in die unsichtbare Welt; 176 S. Pb.

Blake K. Healy sieht Engel und Dämonen seit seiner Kindheit – und zwar so klar wie natürlich sichtbare Dinge. Er sieht zum Beispiel Engel in Anbetungsgottesdiensten tanzen und Ermutigungsworte in die Ohren von Menschen flüstern, doch genauso sieht er auch Dämonen, die sich an Leute heften und so Abhängigkeiten, Lügen und Bitterkeit in deren Herzen und Gedanken aufrechterhalten.

In diesem Buch erzählt er einige dieser Begegnungen und wie er in dieser Gabe reifte und dabei die Angst und Verwirrung über die Dinge, welche er sah, überwand. Und ebenso, und wie er lernte, die Gabe des Sehens zu Gottes Verherrlichung zu nutzen und andere darin zu lehren. *„Ich wollte nicht, dass dieses Buch jemals endet!"* (Bill Johnson)

Blake K. Healy, Vollkommen gut

Gott mit den Augen seiner Liebe sehen lernen; 184 S., Pb.

Auch in diesem Buch lässt uns Blake Healy daran teilhaben, was er in alltäglichen und speziellen Situationen im Geist sieht, sei es bei einer Gerichtsverhandlung, zu Hause, im Freibad, oder bei einem evangelistischen Einsatz. Doch schmerzhafter, als im Geist die klaffenden Wunden eines emotionalen Traumas oder dämonische Gebundenheit zu sehen, ist für ihn, *wenn die Güte Gottes von seinem Volk nicht in Anspruch genommen wird.*

Mit diesem Buch verfolgt er deshalb zwei Ziele: Er möchte anhand von drei Schlüsseln die *Gabe des Sehens im Geist in uns aktivieren,* und er möchte, dass wir dadurch *die Güte Gottes wiederentdecken.*

Blake K. Healy, Unzerstörbar

Führe deine geistlichen Kämpfe aus der Perspektive des Himmels; 192 S., Pb.

Welche Fallen und Taktiken wenden Dämonen an, und wie können wir diese meiden? Dieses Buch fasst zusammen, was Blake K. Healy in über dreißig Jahren über die Pläne des Feindes und ebenso die des Himmels gelernt hat.

Wir lernen, wie wir die Komplotte, Pläne und Lügen des Feindes aufdecken und abwehren können und gleichzeitig die Pläne des Himmel vorantreiben können. Sein Hauptanliegen ist dabei, dass wir den geistlichen Kampf nicht aus eigener Kraft, sondern aus der Perspektive des Himmels führen, und ein Leben aufbauen, das unzerstörbar ist.

Blake K. Healy

Die Sprache des Himmels verstehen

Erkenne und entfalte Gottes Wirken in jedem Bereich deines Lebens; 160 S., Pb.

Wie funktioniert die geistliche Welt? Diese Frage wird Blake Healy seit Jahren auf die eine oder andere Weise gestellt, seit andere erfahren haben, dass er Engel, Dämonen und andere geistliche Realitäten mit bloßen Augen sehen kann, und zwar so deutlich wie alles andere.

Mit inspirierenden Geschichten und auf Grundlage der Bibel zeigt er, wie die geistliche Welt funktioniert, wie wir lernen können, die Sprache des Himmels zu verstehen, und was der Unterschied ist zwischen dem, was weltlich ist, was heilig ist und was unser Platz als geistliche Wesen in dieser riesigen und wunderbaren Welt ist.

James Goll

Der Prophet

Eine gesunde prophetische Kultur fördern und bewahren; 216 S.

Hellseher, Esoteriker und okkulte Medien sind in der Gesellschaft präsent, weil die Menschen hungrig nach geistlichen Wahrheiten sind, die ihnen in ihren persönlichen Situationen weiterhelfen. Allerdings ist das eine große Fälschung des Dienstes der Propheten, die uns durch den Geist Gottes in Echtzeit mit Gottes Plänen und Zielen in Verbindung bringen.

James Goll zeigt auf, wie du selbst im Prophetischen vorankommst und es in deinen Einflussbereich hineinbringst und wie es seinen rechtmäßigen Platz in der Gemeinde bekommt.

James Goll, Die Gaben des Heiligen Geistes

freisetzen; 216 S., Paperback

Der Heilige Geist demonstriert Gottes übernatürliche Kraft durch seine Gemeinde heute, indem seine Herrlichkeit auf globaler Ebene freigesetzt wird. Alle Gaben Gottes sind immer noch voll funktionsfähig, und jeder einzelne Gläubige ist dazu bestimmt, im Fluss Gottes zu leben und seine Bestimmung zu erfüllen.

James Goll zeigt auf, wie der Heilige Geist durch die neun bekanntesten Geistesgaben wirkt und wie wir sie unter Gottes Leitung für die Erfüllung des Missionsbefehls einsetzen können.

Anhand vieler anschaulicher Beispiele aus der Bibel und aus der Gegenwart lernen wir, wie geistliche Gaben in der Praxis funktionieren. Aber es geht in diesem Buch nicht nur darum, wie man seine geistlichen Gaben entdeckt oder empfängt, sondern wie man sie freisetzt und weitergibt!

Kevin Basconi, Mit den Engeln tanzen (Band 1)

Die Grundlagen: Gottes Engel erkennen, einladen und beauftragen; 240 S.; Paperback

Mit diesem Buch stellt uns Kevin Basconi eine inspirierende, glaubensstärkende und praktische Anleitung zur Verfügung, wie ganz normale Gläubige mit Engeln zusammenarbeiten und sie sogar beauftragen können, um den Willen Gottes auszuführen.

Sein Buch ist voller spannender persönlicher Berichte, in denen er uns an seinem wachsenden Verständnis über das Wirken der Engel teilhaben lässt. Er erläutert, wie unsere Fähigkeit, Gottes Willen zu tun, dramatisch zunimmt, sobald wir mit Engeln zusammenwirken.

Das Buch ist eine großartige Hilfe für die Gemeinde, um sie auf die Zeit der Ernte vorzubereiten, in der Engel eine tragende Rolle spielen werden, und sie für die bevorstehenden Heilungserweckungen zuzurüsten.

Außerdem erhältlich: Band 2 und 3

Dr. Henry Wright
Die geistlichen Ursachen von Krankheiten

Klare Antworten auf Ihre Fragen zu Krankheitsprävention und Heilung, 208 Seiten, Pb.

Gemäß den langjährigen Erfahrungen des Autors haben etwa 80 Prozent aller Krankheiten eine geistliche Ursache und sind die direkte Folge einer gestörten Beziehung zu Gott, zu uns selbst oder zu anderen. Gott offenbarte ihm aus seinem Wort, was die geistlichen Ursachen von Krankheiten und den Blockaden zur Heilung sind.

Er geht insbesondere auf folgende Krankheitsarten ein: Allergien, Autoimmunerkrankungen, psychische Störungen, Herz-Kreislauf-Erkrankungen und Belastungsstörungen (z. B. Stresskrankheiten).

James Goll
Geistlich wahrnehmen und unterscheiden

Wie wir Offenbarungen empfangen, prüfen und anwenden können; 216 S.

James Goll erklärt, dass jeder Nachfolger Jesu geistliche Offenbarungen empfangen und prüfen kann, auch wenn einige als Propheten besonders begabt sind. Er legt präzise dar, wie wir unsere Sinne dem Heiligen Geist hingeben können, damit wir geistlich wahrnehmen können.

Und er erläutert, wie wir Offenbarungen prüfen, anwenden und letztlich verinnerlichen können, damit die Menschen sie nicht nur hören, sondern in uns sehen.

Für das vertiefte Studium ist ein Arbeitsbuch erhältlich.

Markus Herbert, **Komm höher herauf! (Band 1)**

Visionen vom Berg Zion, dem Garten Eden und dem himmlischen Jerusalem; 136 Seiten, Paperback

Dieses Buch ist ein Zeugnis dafür, dass es sich lohnt, sich im Geist auf das Abenteuer einzulassen, himmlische Orte schon jetzt aufzusuchen. Sowohl der himmlische Vater als auch Jesus Christus und der Heilige Geist konnten dem Autor dort tiefe Einsichten vermitteln.

In fortschreitenden Visionen durfte der Autor nicht nur den Berg Zion, sondern auch das Paradies und das himmlische Jerusalem besuchen. Das Eindrücklichste und zugleich Herausforderndste für ihn war, dem himmlischen Vater in seinem Vaterherzen zu begegnen.

Neu: Komm höher herauf! (Band 2): *Neue Visionen vom Berg Zion, dem Garten Eden und dem himmlischen Jerusalem;* 196 Seiten, Paperback.

Henk Bruggeman
Das Herz des Vaters entdecken

Unsere Identität als Söhne und Töchter Gottes empfangen

200 S.; Paperback

Gott sehnt sich mehr denn je danach, seinen Kindern sein Vaterherz zu offenbaren. Er möchte, dass wir ihn nicht nur mit dem Kopf, sondern vor allem mit dem Herzen kennenlernen. Statt einer Distanziertheit soll eine innige Vertrautheit unsere Beziehung zu ihm prägen. Darüber hinaus möchte er uns aber eine neue Identität schenken: die Identität der Sohnschaft. Wir entdecken mehr und mehr, wie wir als echte Söhne und Töchter Gottes leben können.

Phil Mason, **Quanten-Herrlichkeit**

Die Wissenschaft von der Inbesitznahme der Erde durch den Himmel; 520 Seiten, Paperback

Quanten-Herrlichkeit erläutert auf eine äußerst spannende Weise die Zusammenhänge zwischen den faszinierenden Erkenntnissen der Quantenmechanik und der Herrlichkeit Gottes, die sich u. a. in Heilungswundern äußert.

Der erste Teil untersucht die subatomare Welt und enthüllt ihren außergewöhnlich komplexen göttlichen Plan, der die Genialität unseres Schöpfers offenbart.

Im zweiten Teil erklärt der Autor ausführlich, wie die Herrlichkeit Gottes in unser physisches Universum eindringt, um Wunder göttlicher Heilung zu bewirken.

Das Buch ist vollgepackt mit verblüffenden Erkenntnissen, aber mehr als das, ist es dazu bestimmt, uns für den übernatürlichen Dienst auszurüsten, damit wir die Herrlichkeit Gottes auf der Erde freisetzen, wie sie im Himmel ist!

Jonathan Welton, Die Schule der Seher

Eine praktische Anleitung, wie man ins Unsichtbare hinein-sehen kann; 224 S.; Pb.; Vorwort von Randy Clark

Viele Christen haben angefangen, übernatürliche Phäno-mene zu erleben: Träume, (offene) Visionen, Engel oder Dämonen. Aber es mangelt ihnen an solider biblischer Lehre und sie sind zu dem geworden, was man als *Seher-waisen* bezeichnet: Sie suchen verzweifelt nach jemandem, der sie trainiert, ermutigt und freisetzt.

Das Ziel von Jonathan Welton war deshalb, ein prakti-sches Handbuch herauszubringen, das den Leib Christi mit den Informationen ausrüstet, die notwendig sind, um in der Dimension des Prophetischen bzw. des Sehers zu wachsen und im Leben im Überna-türlichen Reife zu erlangen.

Cornelia Weinmann, Jesus ruft seine Braut

Gottes Herzschlag für Deutschland entdecken

344 S., Paperback.

Wofür schlägt Gottes Herz, was ist die Berufung der Braut Christi in Deutschland und was könnte uns hindern, diese Berufung anzunehmen?

Dieses Buch entfaltet die atemberaubende Liebesge-schichte zwischen Gott und uns Menschen, wie sie im Hohelied angedeutet wird. Wir sind eingeladen, Jesu Braut zu sein! Insbesondere werden wir dabei auch den Herz-schlag Gottes für Deutschland entdecken.

Sind wir von den Traumata der Vergangenheit befreit, können wir im Takt seiner Liebe in neugewonnener Leichtigkeit in eine neue Zukunft gehen. Der Ruf geht nämlich schon durch die Welt: „Seht, der Bräutigam kommt! Geht hinaus, ihm entgegen!" (Mt. 25,6).

Tommy Welchel und Michelle P. Griffith
Wahre Geschichten und Wunder der Azusa Street

Eine der größten Erweckungen der Geschichte, die heute wieder aktuell ist; 200 S., Pb.

Tommy Welchel besuchte in den 1960er-Jahren die Leute, die als Jugendliche wesentlich an einer der größten geistli-chen Erweckungen beteiligt waren – der Azusa-Street-Erweckung. Sie erzählten ihm aus erster Hand, welche au-ßergewöhnlichen Wunder und Heilungen sie damals erleb-ten, wenn sie für Menschen beteten.

Erst vor Kurzem gab Gott dem Autor die Erlaubnis, diese Geschichten in Buchform zu veröffentlichen. Inzwischen werden sie auf der ganzen Welt erzählt und die Folgen sind immer noch erstaunlich: Wunderbare Heilungen, übernatürliche Phänomene und Lösungen für das Unmögliche.

Luc Niebergall, Eine zeitlose Reise

Wie ich den Himmel erkunden und meine Identität emp-
fangen durfte; 144 S., Paperback

Ab dem Alter von 16 Jahren wurde Luc Niebergall eine
unglaubliche „Reise" in die Herrlichkeit der Person Jesu
zuteil. Nach acht Jahren Visionen, Träumen und himmlischen Begegnungen schrieb er einiges davon auf.

Dieses Buch ist ein Aufruf an die Söhne und Töchter
Gottes, ihr volles Erbe zu empfangen, das darin besteht,
in einer ewigen, intimen Beziehung zu Gott selbst zu
leben. Begegnen wir der intimen Liebe Gottes, des Vaters, fällt die falsche Identität der Waisenschaft von uns
ab. Wir werden zu siegreichen Söhnen und Töchtern, welche den Nationen Heilung
und Wiederherstellung bringen.

Luc Niebergall
Einen prophetischen Lebensstil entwickeln

Werde zum Sprachrohr Gottes für die Welt!

120 S., Paperback

Als Söhne und Töchter Gottes haben wir die übernatürliche
Fähigkeit erhalten, seine Stimme zu hören. Zu verstehen,
wie er zu uns spricht, ist ein wesentlicher Faktor, um den
Herrn als Freund zu kennen.

Der prophetische Dienst ist nicht wenigen Auserwählten
vorbehalten, sondern für alle da. Gott erweitert unsere
Fähigkeit zu verstehen, wie er mit uns spricht: durch sein
(leises) Reden, durch Visionen, Träume und viele andere
Wege. Gott weckt unsere geistlichen Ohren, sodass wir sein Sprachrohr für diejenigen sein können, denen er eine Begegnung mit seiner Liebe schenken möchte.

Luc Niebergall
Ganzheitlich siegreich leben

Wie wir in allen Lebensbereichen gegen die Angriffe des
Feindes immun werden; 124 S., Paperback

Der geistliche Kampf scheint ein komplexes Thema zu sein.
Luc Niebergall liegt daran, es zu entmystifizieren und einfach verständlich zu machen. Er stellt dazu praktische und
geistliche Werkzeuge vor, die uns helfen, siegreich zu
leben, was Körper, Seele und Geist angeht.

Somit wird unser ganzes Wesen unter die Herrschaft Jesu
gebracht, anstatt dem Feind in irgendeiner Form Raum zu
geben. Verstehen wir unsere königliche Identität, können
wir den geistlichen Kampf aus einer Haltung der Ruhe, der Autorität und des Sieges
führen.

Barry & Lori Byrne, Liebe in der Ehe

Eine tiefere geistliche, emotionale und körperliche Einheit erleben; Vorwort von Bill Johnson; 334 S., Klappenbroschur

Gott möchte, dass die Ehe ein Ort echter Liebe und Vertrautheit ist. Dafür brauchen wir die Hilfe des Heiligen Geistes. Mit ihm können wir die Ursachen unserer Konflikte erkennen und überwinden. Unsere Ehe kann Heilung und Wiederherstellung erfahren, egal, wie der momentane Zustand ist.

Mit klarer biblischer Lehre und vielen praktischen Hilfen packen die Autoren die wichtigsten heißen Eisen an. Viele ermutigende Erfahrungsberichte verdeutlichen die dramatische Heilung und Intimität, die mit Gottes Hilfe möglich ist.

Dr. Larry Richards
Die volle Waffenrüstung Gottes

Gut geschützt gegen die Angriffe des Bösen; 208 Seiten, Pb.

Die Bibel macht deutlich, dass ein Großteil unserer Unsicherheiten, Ängste und Zweifel auf den Machenschaften böser Mächte beruhen. Deshalb ist es so entscheidend, dass wir sowohl die Strategien kennen, die Satan benutzt, um uns anzugreifen, als auch die Rüstung, die Gott uns zur Verfügung stellt, um uns dagegen zu schützen.

Eine biblische Dämonologie, Hilfen zum Umgang mit dem Bösen in der Seelsorge sowie Lektionen für „Lebe-frei-Selbsthilfegruppen" runden das Buch ab.

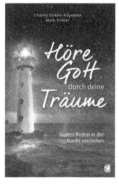

Dr. Charity Virkler-Kayembe / Dr. Mark Virkler
Höre Gott durch deine Träume

Gottes Reden in der Nacht verstehen; 288 S., Pb.

In der Bibel finden wir sehr viele Beispiele für Gottes Reden durch Träume. Auch heute möchte er uns durch Träume wichtige Botschaften zukommen lassen. Doch beachten wir sie oft wenig oder wissen nicht, wie sie zu deuten sind.

Diesem Missstand möchte dieses Buches abhelfen. Die Autoren haben sehr viele Erfahrungen im Umgang mit Gottes Reden gesammelt. Das Buch ist ein praktischer, leicht verständlicher und biblischer Leitfaden, um die Sprache zu verstehen, die Gott in unseren Träumen benutzt.

Bestellen Sie im Buchhandel oder (versandkostenfrei in D) direkt beim Verlag:

GloryWorld-Medien | Beit-Sahour-Str. 4 | D-46509 Xanten
Fon: 02801-9854003 | Fax: 02801-9854004 | info@gloryworld.de

Aktuelles, Leseproben, Downloads & Shop: **www.gloryworld.de**